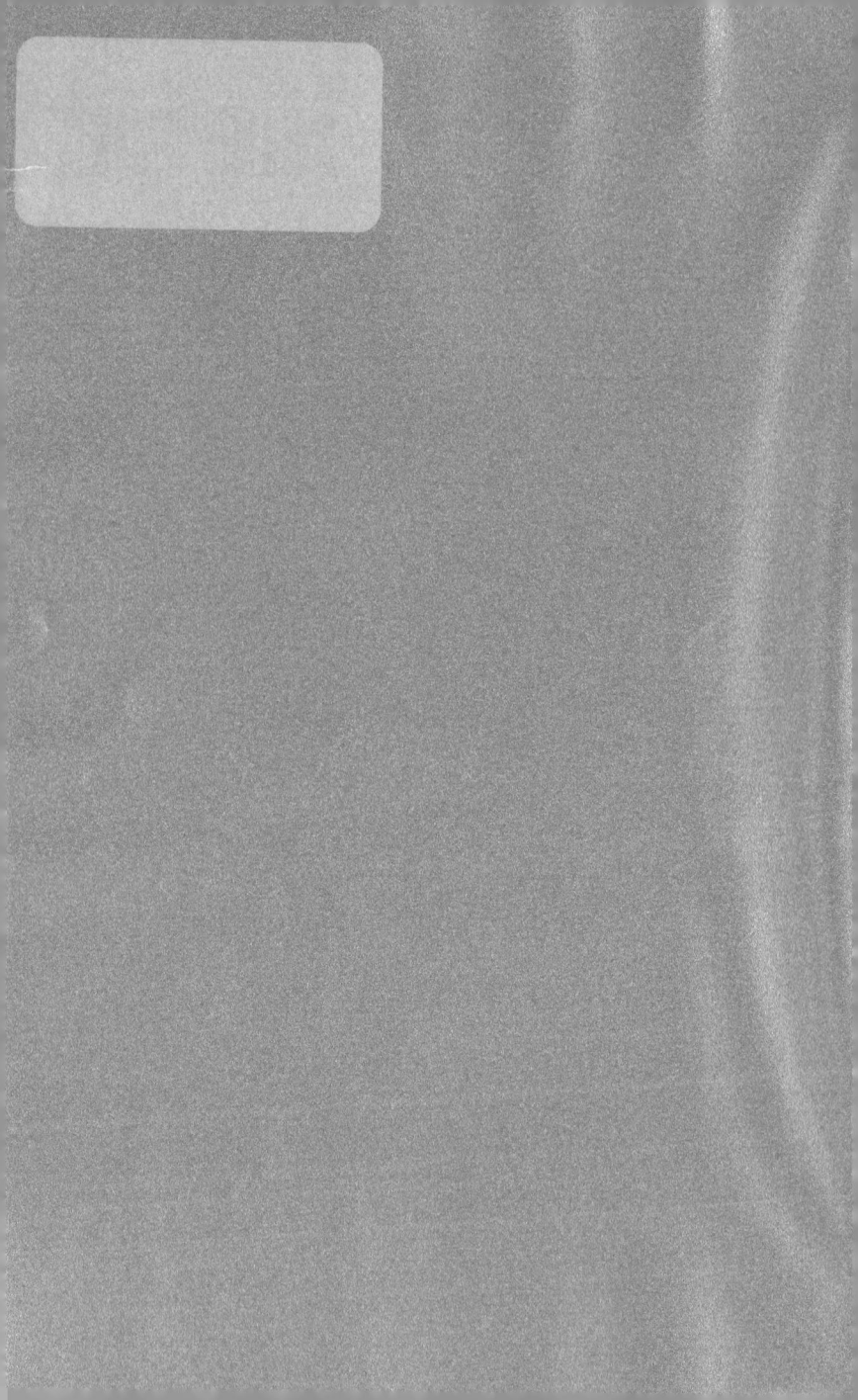

미깡의 술 만화 백과

이야기장수

―차림표―

1차
서양술

1잔 ★ **진토닉** "약은 약사에게 술은 미깡에게"_9

2잔 ★ **위스키** "잘못 나불대면 큰일난다."_27

3잔 ★ **폭탄주** "구려… 다 구려… 그중에서도 제일 구린 건 바로…"_45

4잔 ★ **잭콕 캔** "술꾼의 욕심은 끝이 없고…"_65

5잔 ★ **생맥주** "서비스 많이 줘~ 마른 거 말고 젖은 걸루."_85

6잔 ★ **에일 맥주** "어떤 사업이 번성하면 거기 있던 여성은 서서히 사라진다."_105

7잔 ★ **더티 마티니** "홍어회나 평양냉면처럼 점점 빠져드는 맛"_123

8잔 ★ **와인** "무슨 맛인지는커녕 영문도 모르겠다!!"_143

9잔 ★ **보드카** "독하다, 독해."_165

10잔 ★ **샴페인** "형제들이여, 빨리 오시오. 나는 지금 별을 마시고 있습니다!"_185

2차
동양술

11잔 ★ **소나무와 학** "이건 술이 아니라 약으로 마신 것" _213

12잔 ★ **청명주** "운치 있게 딱~ 때가 되면 마시는 거야!" _231

13잔 ★ **증류식 소주** "엑기스… 아니 에센스! 소주의 진수다!" _249

14잔 ★ **희석식 소주** "추억도 너무너무, 흑역사도 너무너무" _269

15잔 ★ **서브곡주** "그 어떤 척박한 환경에서도 어떻게든 술을 빚고야 마는" _285

16잔 ★ **고량주** "목이 타들어간다." _303

17잔 ★ **사케** "메뉴판, 라벨을 보고 사케 고르는 법" _323

18잔 ★ **막걸리** "다 같이 막걸리 한 주전자 하자!" _343

19잔 ★ **약주** "어느덧 약주가 꽤 어울리는 나이가 되었다." _363

20잔 ★ **매실주** "으아! 진짜 이게 마지막이야! 다시는 안 해! 절대!" _383

뒤풀이 외전 ★ "좋아하는 술을 계속 마시기 위해" _403

1차
서양술

1잔

진토닉

> "
> 약은 약사에게
> 술은 미깡에게
> "

그러던 어느 날
SNS에 '초등학생 시절 일기'를
공개하는 붐이 일었다.

현타

일기뿐만이 아니다.
청소년 시절 사진도 거의 남아 있지 않다.

덕분에 흑역사가 소환될 일은 없었지만
그 시절의 내 모습이 궁금해서 참 아쉽다.

서툴면 서툰 대로,
부족하면 부족한 대로
왜 가만 놔두지 않았을까?

왜 과거의 기록을 다 없애버렸을까?

아마도 멋지게
'리셋'하고 싶었겠지.
더 나아지려고
더 잘해보려고 그랬을 것이다.

쓰던 일기장을 버리고
새 노트를 꺼낸다고
내가 갑자기 새로운 사람이
되는 건 아닌데.

그럴 수는 없는 건데.

술 얘기를 그만둔다고 해서
갑자기 내가

술꾼이 아닌 것도,
새로운 미깡이 되는 것도 아닌데 말이다.

매주 한 잔의 술이 등장한다?
그럼 오늘의 술은?

음~
이거 어때?

응.
너무너무 흔하고

많이 마셔서
가끔 지겹기도 하고

요즘 시대에
힙하지도 않지만

흔한 만큼
어딜 가나 찾을 수 있고

가장 기본이 되고

마시기 편한 칵테일,

1잔 '진토닉' 끝

✳ 한뼘 상식 ✳

- 진토닉은 진과 토닉워터를 섞기만 하면 돼요.
- 레몬이나 라임을 곁들이면 상큼해지죠.
- 가장 대중적인 진 브랜드는
  탱커레이/봄베이 사파이어/헨드릭스/고든스
- 빨리 녹지 않는 돌얼음을 써야 맛있어요:)

2잔

위스키

"
잘못 나불대면
큰일난다.
"

―

1화의 충격 고백!

쿠아아아아앙

맥캘란 우느포드 듀어 노브 크릭 아란 발비
글렌모렌지 하이 메이커스 마크 디스커 하쿠
글렌리벳 린 히비
아드벡 보드
잭다 발레

일본 위스키 단식증류 **싱글몰트** 캠벨타운 **캐나다 위스키**
peat **블렌디드** 켄터키
라이위스키 아일라 캐스크 스트렝스 single barrel
연속증류 하일랜드
스카치위스키 **버번위스키**
그레인 아일레이 오크통
로우랜드

오~ 지식을 뽐내신다구요.

↳ 위스키 애호가들

헉!

아닙니다, 아닙니다! 그냥 지나가세요!

잘못 나불대면 큰일난다, 이거…

> 일단 술은 골랐는데…

> 어떻게 마셔야 할까?

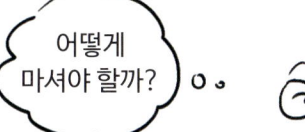

왠지
온더락 잔을
덜그럭거리는 건
중후한 어른 흉내를
내는 것 같고

서부영화에서 위스키를
한입에 털어넣는 걸
본 기억도 나서

> 샷으로 주세요!

위스키 1시기: 스트레이트

뭔가 잘못됐어.

40도쯤 되는 위스키를 샷으로 마시면
우리의 소중한 내장기관이 어디쯤에 위치해 있는지
생생하게 느껴볼 수 있다…

매우 뜨겁고 충격적인 첫 만남이었지만
샷으로 마시는 게 습관이 돼서
나중에는 75도짜리 바카디를
스트레이트로 마시기도 했다.

이렇게 마시면 맛도 충분히 느끼지 못할뿐더러
식도와 위장에도 무리가 가므로
마시는 방법을 바꿔야 했다.

> 위스키 2시기: 온더락

위스키 애호가 중에는
이 온더락을 싫어하는 경우가 많은데

'아메리카노'를 이해하지 못하는
이탈리아인 같은 심정이랄까.

솔직히 '물 좀 타면 뭐 어때?!' 싶었는데,

요즘 니트neat라고 해서
위스키 원액 그대로를 마시기 시작하면서

위스키 3시가: 니트

그러니까…

맛있게 추출한 에스프레소에 물을 타는 것과…

양조장에서 정성을 다해 완벽하게 만들어낸 위스키에 물을 타는 건…

마치…

쫀득쫀득 탱글탱글하게 잘 졸인 짜장라면에

물을 부어 먹는 것!?!?

※차마 볼 수 없어서 모자이크 처리

방법은 이렇다.
잔에 위스키를 적당량 채우고

처음에 코를 너무 쑥 넣으면
호되게 당할 수 있음 주의.

FIRE!!!!

멀리서부터 살살 맡아요.

니트로 천천히 마시면
향과 맛이 계속 변하는 게
매력!

왜냐니

맛있잖아.

다시 말하지만
술 마시는 방법에 정답은 없죠.
기분 따라, 취향 따라
다양하고 자유롭게 즐겨보세요~

2잔 '위스키' 끝

✷ 한뼘 상식 ✷

- 위스키 전용 잔 '글렌캐런'을 구비하시면 위스키의 색상, 질감, 향기와 맛을 더 잘 음미할 수 있어요.
- 물을 서너 방울 떨어뜨려서 마시기도 해요.
- 처음부터 병으로 사지 말고 위스키 바에서 바텐더 추천을 받아 잔술로 마셔본 후 내 취향에 맞는 위스키를 찾아보세요.
  (피트향이 강한 위스키는 천천히 도전!)

3장

폭탄주

> "
> 구려… 다 구려…
> 그중에서도 제일 구린 건 바로…
> "

폭탄주가 싫다.

'폭탄주' 하면 떠오르는 것.

회식 상사 억지로 먹이기

담합 숙취 접대 비리

술 낭비 퇴폐풍조 주태 영화〈내부자들〉(훽)

내가 마시고 싶어서
자발적으로 마시는 건 오케이,

누가 말아주고, 억지로 먹이는
그런 폭탄주가 싫다는 뜻.

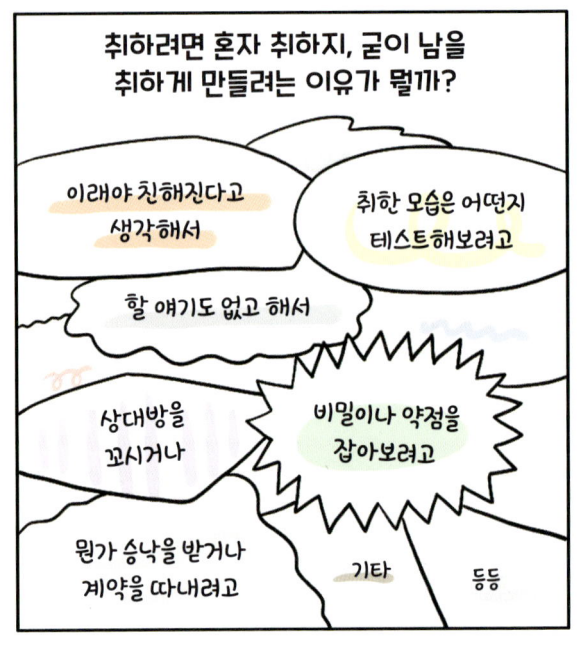

형제가 바에서 폭탄주 마시는 장면을 보고

가장 좋아했던 건 붐비어.
생맥주+위스키 조합으로,
<흐르는 강물처럼>에 나오는 바로 그 술!

소맥처럼 마구 휘저으면 안 된다.
맥주와 위스키가 '입안에서'
섞여야 맛있거든.

오래 두고 마시는 술이 아니라
빠르게 들이켜는 술.

폭탄주에 그렇게나 몸서리쳤으면서
이 술은 왜 좋아했을까?

어쩌면…

과로가 너무 당연하던 시절,

내 쓸모를 증명하기 위해
무던히 애쓰던 그 시절

빨리빨리

빨리빨리

느긋하게 마실
여유 따위 없이

빨리 마시고 빨리 취해서
빨리 집으로 돌아가
다시 내일을 준비하기 위해

폭탄처럼 취기가 확 터지는
이 술이 필요했던 게 아닐까.

'붐비어'의 정식 명칭은 '보일러메이커'.
영국과 미국의 폭탄주다.
아일랜드의 '아이리시 카밤',
독일의 '예거밤'도 폭탄주로 유명하다.

기네스
+ 베일리스
+ 위스키

예거마이스터
+ 레드불

만드는 방식이나 재료는 다르지만
대부분 '노동자의 술'로 불린다는
공통점이 있다.

폭탄주의 기원에 대한 의견은
아직도 분분한데

제정러시아 때
시베리아
유형수들이...

미국 항구도시의
가난한
노동자들이...

항구가 아니라 탄광,
벌목장이거든?

무엇보다
추위를
이기려고...

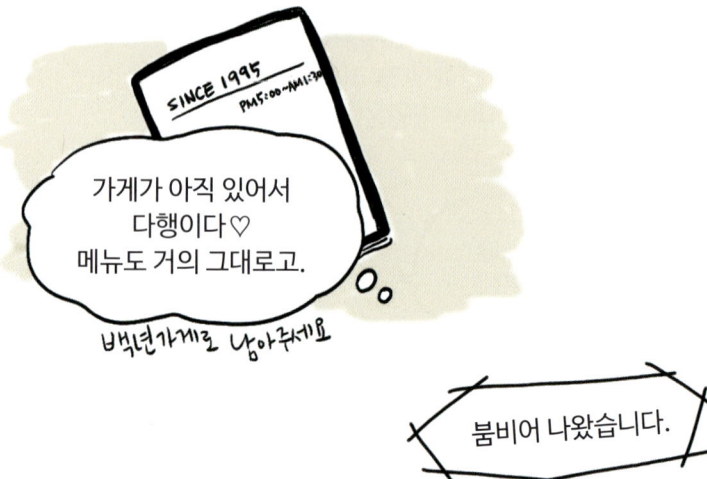

거의 20여 년 만에 다시 마시고
깨달았다.

가만~히 생각해보니
빨리 마시고 빨리 취한 건 맞는데
집에 빨리 가지는 않았다는…

3잔 '폭탄주' 끝

✳ 한뼘 상식(?) ✳

- 폭탄주는 잘 취합니다. 많이 마시지 마세요.
- 폭탄주는 잘 취합니다. 억지로 권하지 마세요!
- 폭탄주는 잘 취합니다. 마셨다면 물을 두 배로 드세요.

4장

잭콕 캔

"
술꾼의 욕심은
끝이 없고…
"

뭔가 내 머릿속의
'룸서비스'란…

어릴 때 본 할리퀸 소설에나 나오는
그런 이미지…

영화 <007 카지노 로얄>에도
인상적인 룸서비스 장면이 나온다.

처치하려는 표적의 아내를 꼬셔서
한창 에로틱한 분위기만 잡고는

"샴페인하고 캐비어요."

"…1인분만."

굴복 직전…

룸서비스만 시켜주고
홀연히 떠나버리는 007…

계산은 누가…?

하지만 이런 나도
인생에 딱 한 번
룸서비스를 시킨 적이 있었는데…

바로 신혼여행 때의 일이다!

지금으로부터 13년 전,
오직 '온종일 술을 마실 수 있다'는
이유만으로
신혼여행지를 스페인으로 정한
술꾼 부부.

간이 아주 튼튼했던 30대

스페인 사람들은 하루에 다섯 번 식사를 하는데다
바bar 문화가 발달해 있어서
언제든 가벼운 안주Tapas에
술 한잔 하기가 좋다!

Chorizo
Pan con tomate
Pulpo a la gallega
Tortilla de patatas
Aceitunas
Pimientos de padrón
Pincho
Gambas al ajillo
Anchoas

안주 천국

= 하루에 여러 가게를 돌아다니며
마실 수 있음!

신혼여행 일과
오전 상그리아 < 미술관
점심 맥주
오후 로컬 맥주 < 성당
저녁 까바
밤   와인

부에노 부에노~
아주 좋아♡

먹는 일정이 우선, 관광은 그저 소화를 위해…

이윽고…

'얼음만 시켰다고
진상이라고 하면 어쩌나'

그라시아스!
무차스 그라시아스!
밀 그라시아스!

(만화적 과장 1도 없는 실화입니다.)

똑같은 술도
술자리의 분위기와 기분,
또 술잔에 따라서도
맛이 달라지기 마련.

그날의 잭콕 캔은
(사실 그럴 수는 없는 건데)
진짜 잭콕을 막 만들어 마신 듯
맛있었다.

이게 바로 내 인생 유일무이했던
룸서비스의 추억:)

그후로 해외여행을 갈 때마다
가게에서 '잭콕 캔'을 찾아봤지만
허탕이었다.

그러다 며칠 전
이런저런 술을 검색해보던 중

오잉? 이게 뭐야?

잭 다니엘과 코카콜라가 합작해
'잭콕 캔'을 만들었고, 멕시코와 일본에
출시됐다는 소식!!

맛있고 간편하고
(소중한 추억이 담긴)
잭콕 캔의 한국 출시를
간절히 염원하며…

4잔 '잭콕 캔' 끝

잭&콜라와 룸서비스 얼음 @스페인 2012

한뼘 상식

- 아쉬운 대로 '잭콕'을 직접 만들어볼까요?
  돌얼음을 채운 잔에 잭 다니엘 1 : 콜라 3을 넣고
  가볍게 두어 번 저으면 완성!(비율은 취향대로~)

- 잭 다니엘은 미국 테네시 위스키로, 불에 태운
  오크통에 숙성해 독특한 향을 자랑합니다. 여러
  제품군이 있지만 잭콕을 만들기 좋은 건 역시
  가장 기본이 되는 [올드No.7]을 추천해요.

5잔

생맥주

"
서비스 많이 줘~
마른 거 말고 젖은 걸루.
"

사장님이 같은 종족.

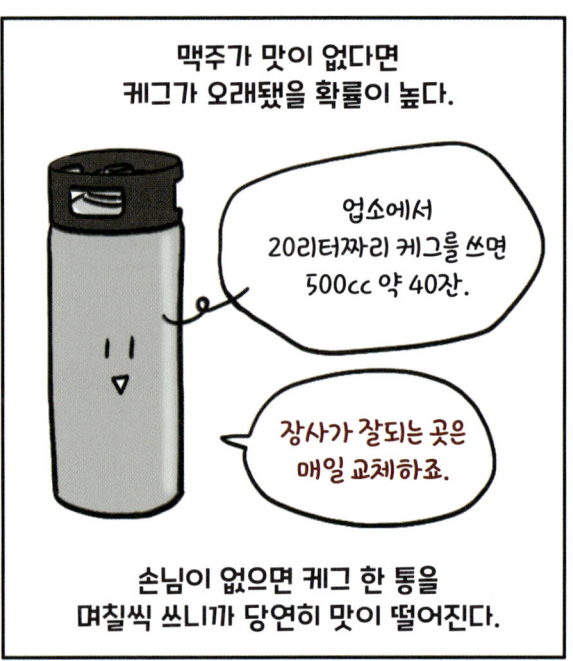

케그를 빨리 소비하고
노즐 청소도 정기적으로 하고
깨끗한 잔에 내가면
생맥주는 맛있을 수밖에 없다.

여기서 잠깐!

생맥주 = 살균처리를 하지 않아서
효모가 살아 있다 = 그래서 生맥주

라고 생각하기 쉬운데,
그건 옛날 얘기고

똑같은 맥주를
병에 담으면 병맥주,
캔에 담으면 캔맥주,
케그에 담으면 생맥주라는 사실!

거품 얘기가 나와서 말인데
『술꾼도시처녀들』에는
이런 에피소드가 있다.

술도녀들이 술을 조금이라도 더 마시려고
좀스럽게 구는 장면인데
사실 이 거품은 매우 잘 따른 것!

이건 어릴 때부터의 지론이라…

맥주 후하게 따르는 편.

특수제작한 틀에 드라이아이스를 넣어
화려하게 연기를 뿜어내는
얼음 맥주도 있었다…

기본 500cc 한 잔씩 마시는 맥주가
최고로 맛있다♡

『술꾼도시처녀들』에
맥주 한 잔을 셋이서 계속 나눠 마시는
에피소드가 있었다.

이렇게 마시면 직원에겐 미안하지만

"맥주가 미지근해지기 전에
계속 신선하고 차가운 맥주를 마셔서 좋다"는
독자 댓글이 있었다.

과연 어떨까?

잔에서 잔으로 따르면
꼭 이렇게 됨…

생맥주는 그냥 한 잔씩 마시는 걸로!

✲ 한뼘 상식 ✲

- 인류 최초의 술은 과실주지만, 그건 자연 상태에서 우연히 발견된 술이고 맥주는 인간이 기꺼이 노력해서 만들었다는 점에서 맥주를 <u>최초/최고의 술</u>로 꼽기도 한답니다.

- 한국 대기업 맥주는 싱겁고 맛이 없다고 하죠. 원래 그런 맛의 술이기 때문이에요(미국식 부가물 라거). 한국 맥주가 통틀어서 '<u>맛없다</u>'기보다는 '<u>다양성이 떨어진다</u>' 볼 수 있죠. 맥주의 종류는 수백 가지가 넘으니 내 입맛에 맞는 맥주를 차근차근 찾아보세요!

6장

에일 맥주

> "
> 어떤 사업이 번성하면
> 거기 있던 여성은 서서히 사라진다.
> "

때는 중세 초기. 유럽 여성들은
다른 대륙의 여성들과 마찬가지로
직업을 갖기가 거의 불가능했습니다.
그저 세 가지 부류로만 살아갈 수 있었어요.

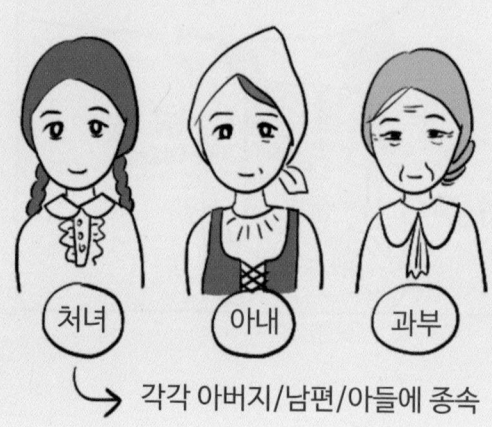

→ 각각 아버지/남편/아들에 종속

아, 네번째 부류도 있군요. 수녀.
수녀는 남성이 아닌 신에게 귀속되었으므로
비교적 자유로운 편이었어요.

당시 여성들에게 그나마 열려 있는 직업은
양조, 즉 술을 만드는 일이었어요.

중세 환경은 매우 더럽고 비위생적이어서
세균이 득실대는 물을 마셨다간 바로 설사…

그러다보니 한 번 끓여서 만드는 에일을
일상적으로, 심지어 어린이도 마셨대요.

어차피 집에서 계속 만드는 술,
더 많이 만들어서 팔기 시작한 거예요.

* 중세시대 에일 만드는 방법 *

빻은 귀리나 보리, 밀로
맥아를 만들고
뜨거운 물 부어서
하룻밤 숙성시킨다.
내용물을 거른 후
자신만의 레시피에 따라
효모와 허브 첨가!

이렇게 만든 에일은
사실 맛도 비주얼도 형편없었다고 해요.

으익 시큼해~

아아~ 나도 와인 마시고 싶다~

그 비싼 걸 무슨 수로

더러운 내용물이 안 보이는 잔이어서 다행ㅋ

그래도 평민들에게는 고된 하루를 달래주는
친구이자 좋은 에너지원이었죠.

에일 만드는 여성을 에일와이프alewife라
불렀고, 에일와이프가 간판을 걸고 에일을 팔면
그곳이 바로 에일하우스alehouse가
되었습니다.

장사 준비가 되면 거대한 빗자루를 걸었어요.
오늘날의 [OPEN] 네온사인인 셈이죠.

에일와이프 대부분은 가난했는데
집안일을 하고 아이를 돌보면서도 부엌에서
술을 만들어 팔 수 있으니, 양조는 자신과
가족을 부양하기에 적합한 일이었습니다.

맛있게 만들어서
많이 팔아야지~
또 어떤 향료를
넣어볼까?

※ 에일와이프의 레시피 일부는 후대까지 전해지기도 했습니다.

성녀이자 교회 박사이자 수많은 저작과
작품을 남긴 작가이자 작곡가이자 시인이자
과학자이자 예언가이자… 뭐, 끝이 없네요.

그녀는 여성 인권이 보잘것없던 시대에
자신이 획득한 막강한 힘을 적극 활용해
최초의 독립적인 수도원을 세우기도 했어요.

그곳에서 무려 아홉 권으로 구성된, 독일 최초의
자연사 서적 『자연학』을 쓰게 됩니다.

그동안 향료로만 쓰이던 홉hop의 효능을
새롭게 밝힌 힐데가르트의 글은
맥주의 역사에 획기적인 발견이었습니다.

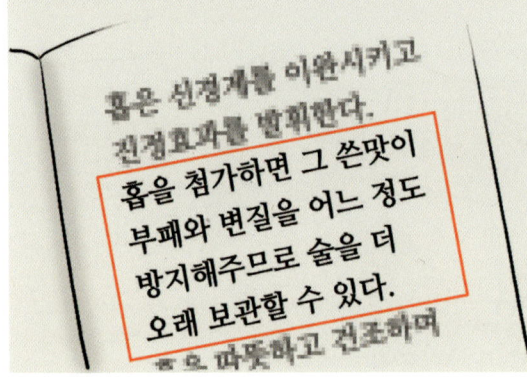

홉은 미생물 증식을 억제해
에일의 신선도 유지를 도왔습니다.
보관기간이 늘어나고 이동 범위가 넓어지니
에일의 수출까지 가능해졌어요.

그럼 에일의 유통기한이 짧아 고민이었던
에일와이프들은 행복해졌을까요?

답은 '아니요'입니다!
역사학자 조앤 서스크Joan Thirsk가 말한 현상이
어김없이 나타났어요.

홉을 넣은 맥주가 돈이 된다는 걸 간파하자
맥주를 만드는 방법뿐 아니라
맥주를 만드는 주체 또한
바뀌게 되었습니다.

처녀와 과부부터 업계에서 밀려난 거죠.

또한 12세기 기독교 교회는 주민들의 주일 예배 참석을 방해하는 경쟁자로 에일하우스를 지목했습니다.

교회는 에일와이프를 맹렬하게 공격했어요.

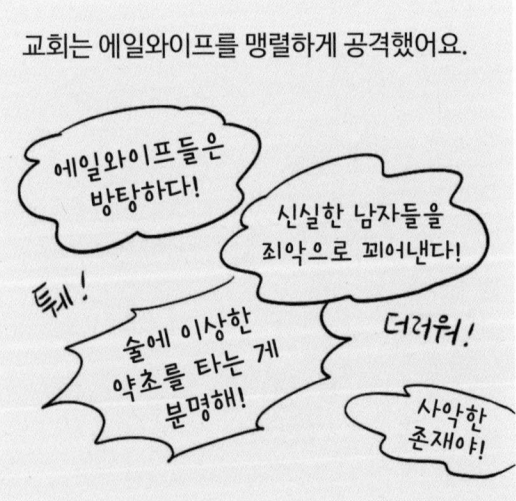

당시 에일와이프들은
장터에서 눈에 잘 띄기 위해
뾰족하고 기다란 모자를 썼는데요.

에일하우스 앞에 내걸었던
기다란 빗자루와 함께 보면…
딱 떠오르는 게 있지 않나요?

맞아요, 마녀.

중세의 교회와 가부장 사회는
독립성과 경제력을 가진 에일와이프들을
마녀로 몰아세우고, 핍박했습니다.

그리하여 양조산업의 상업화와 기독교의
합동 공격으로 인해 에일와이프들은 점차
자취를 감추고 말았다는 이야기.

물론 이 맛있는 맥주가 언제까지나
가양주家釀酒(집에서 만든 술)로,
소규모로 만들어질 수만은 없었겠죠.

제품이 인기를 끌면
대량생산되고 상업화되는 게
당연하다면 당연하지만,

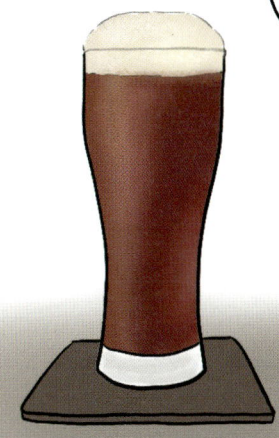

그렇더라도
마녀 취급을 받으며 밀려난
에일와이프들을 생각하면
씁쓸함을 감출 수 없네요.

6잔 '에일 맥주' 끝

> **✳ 한뼘 상식 ✳** '맥주 명언'

"맥주 첫 모금의 맛을 당할 만한 것은 세상에 없다."
  -존 스타인벡
"책은 고통을 주지만 맥주는 우리를 즐겁게 한다.
 영원한 것은 맥주뿐!" -괴테
"한 잔의 에일 맥주는 왕을 위한 식사이다." -셰익스피어
"인생의 행복, 그 이름은 맥주"
  -기원전 3000년경 고대 수메르 석판
"맥주 마시기 전에는 적정 갈증을 유지함으로써
 맥주에 대한 예를 갖추어야 한다." -미깡

7잔

더티 마티니

"
홍어회나 평양냉면처럼
점점 빠져드는 맛
"

사망 플래그Flag:

**영화나 소설 속 캐릭터가
어떤 특정한 행동을 하면 십중팔구 죽는
일종의 패턴, 공식을 말한다.**

이를테면,

나에게도 사망 플래그가 있다.

"보드카 마티니, 젓지 말고 흔들어서."

원래 마티니는 두 술을 섞고 스터stir로 살짝만 젓는 게 정석인데

제임스 본드의 저 대사가 하도 유명해져서 보드카 마티니는 셰이커로 흔들어서 내는 일도 많다고 하네요~

마티니만큼은 절대로 다른 잔에
마실 수가 없다!

가느다란
다리를 잡고
술이 쏟아지지 않게
조심조심 들어올려

찰랑이는 술에
입술을 대고
살짝 마신 후
내려두는

그 움직임까지도
전부 마티니인 것이다!

맑고, 영롱하고, 고고하고,
심플하면서 섹시한 술.

7잔 '더티 마티니' 끝

✳한뼘 상식✳

- 스위트와 드라이 중 뭘 고를지 모르겠으면 미디엄인 '퍼펙트 마티니'를 드세요. 두 가지 베르무트를 같은 비율로 넣으면 됩니다.(진 5:스위트 1:드라이 1)

- 집에 진은 있는데 베르무트까지는 없다? '처칠 마티니' 추천합니다. 차갑게 식힌 마티니 글라스에 드라이 진만 넣고 베르무트 병을 한 번 쳐다보는 게 공식 레시피(?). (일명 자린고비 마티니) 병 대신 사진을 보면 되겠죠ㅋ.

8잔

와인

"
무슨 맛인지는커녕
영문도 모르겠다!!
"

레이블을 잘 읽을 수 없을 때,
와인 전면의 그림이나 사진은
맛을 유추하는 데
도움이 되기도 한다.

이탈리아의
'일 포지아렐로 Il Poggiarello'
와이너리에서 만든 '얼굴' 시리즈.

와인마다 포도 품종의 느낌과
가장 잘 어울리는 얼굴 사진으로
레이블을 만들었다.

**예컨대 '바람처럼'이라는 뜻의
소비뇽 블랑, 'COME IL VENTO'**

"**초록빛이 감도는 레몬빛 와인으로,
산뜻하면서 적절한 산도를 자랑한다**"는
평을 듣는 와인인데,
사진을 보면 얼추 그 느낌이 연상된다.

믹 '중후한 맛'이
떠오르진 않잖아요?

단순

상쾌한 맛이겠거니~
하는 거지.

스페인의 유명 사진작가가
실제 포도 농장에서 일하는 농부들의 얼굴로
와인 레이블을 만들었다.

청년, 중년, 노년의 얼굴을 통해
와인이 성장하는 과정을 표현했다고.

엘 피카로
El Picaro

빈티지가 가장 어림.
(2~3개월 숙성)

거칠고 과감하고 복합적인 맛.

개성 있는 젊음의 맛!

엘 레시오
El Recio

14개월 숙성.

진한 과일향,
탄탄한 중간 바디감.

중년이 또한 매력 하지!

엘 비에호
El Viejo

16개월 오크 숙성.

안정적이고 농익은 과일향과
짙은 중후함.

와인은 나처럼 원숙한 맛이여~

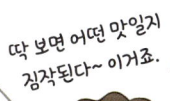

딱 보면 어떤 맛일지 짐작된다~ 이거죠.

낯선 땅 호주에서 개척자가 되어
새로운 삶을 시작한 이들의
스토리와 역사를 조명하기 위해
'19 Crimes' 와인이 탄생했다고.

"우리 선조들의 이야기를 바로 알자!"

재미있게도 와인 뚜껑을 열면
이렇게 죄목이 적혀 있다.

19 Crimes.

17-Waterman

― 뱃사공

"템스강에서
익사 사고가 났을 때
너무 많은 승객을
태운 죄"

또 뭐가 있을까?
"강과 연못에서 불법으로 낚시한 죄"
"비밀 결혼"
"무덤 덮개 절도"
...

이 와인을 마실 땐
앱스토어에서
'Living Wine Labels' 앱을 설치하고
와인병의 레이블을 비춰보자!

증강현실 기술로
레이블 속 인물이
자신의 죄명과 히스토리를
직접(!) 말해준다.

'19 Crimes'처럼 특이한 경우도 있지만 사람 얼굴을 활용한 레이블은 **얼굴이 주는 느낌과 와인의 맛이** 비슷하리라고 보면 무리가 없다.

오스트리아 내추럴 와인 '구트 오가우' 시리즈.

만약 생각했던 것과 맛이 다르다?

뭐, 그건 그것대로 재미 아니겠어요?

인간은 참 자기중심적인 종족이라
어떤 사물을 봐도 거기서
얼굴을 찾아내는 습성이 있어

매대에 놓인 수많은 와인 중
사람 얼굴이 보이면
저절로 시선이 가기 마련이다.

그래서인지 얼굴 레이블의 와인이
점점 많아지는 느낌!

✱ 한뼘 상식 ✱

- '스크루 캡 와인=싸구려'라는 인식이 있는데요, 뛰어난 보존성과 환경 이슈 때문에 훌륭한 와이너리들도 점점 스크루 캡을 선호하는 분위기입니다. (물론 최고급 와인은 코르크를 고수하겠지만요.) 스크루 캡이라고 무조건 질 낮은 술은 아니라는 말씀!

- 좋은 와인은 '싸고 맛있는' 와인이라 생각합니다. 비싼 게 맛있는 건 당연하니까! 각자 자신의 예산 범위 내에서 가장 맛있는 와인을 찾아내는 게 중요하죠. 골고루 많이 마셔보고 맛을 메모해두면 도움이 될 겁니다.

- 하지만 비싼 와인을 마실 기회가 있다면? 부르고뉴 피노 누아를 드세요. 꼭! 꼭! 꼭!

9장

보드카

" 독하다,
독해. "

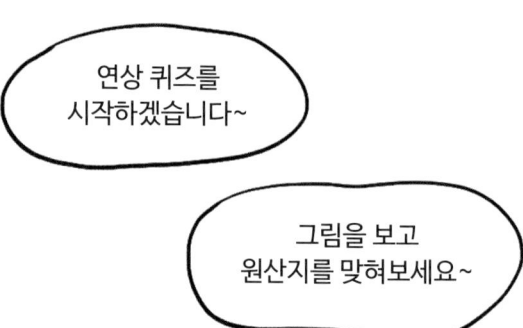

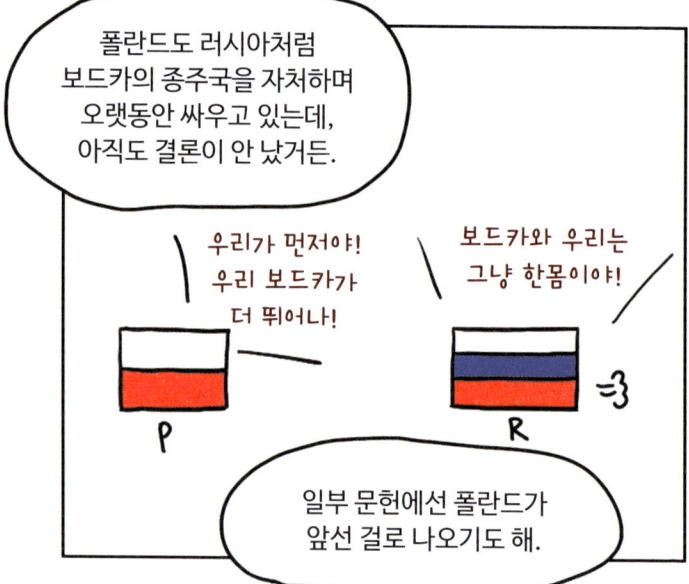

하지만 활성탄 여과 방식을 도입해 지금의 맑고 깨끗한 보드카를 만든 게 러시아고

보드카가 국민 정서에 더 깊숙이 자리잡은 나라도 러시아지.

그럼 맞힌 거 아냐?

대체 왜 뻐기는 거야?

??

그러게요? 음하하하핫!

연출이지 연출~

**러시아 사람들은 보드카를 마신다.
특별한 날은 물론이고**

아침 9시

물 대신

배 아파?
이거 마셔.

약으로

추워?
이거 마셔.

방한용으로

러시아의 흔한 농담

러시아의 흔한 주정

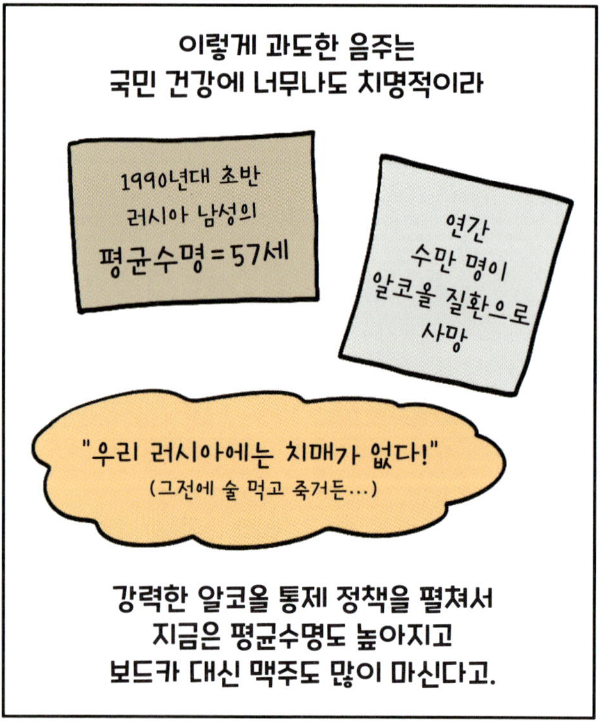

그러고 보면 동서고금을 막론하고
술에 대해 열렬한 찬사를 보내는
시인과 작가들이 많은데

와인 좋아!
위스키 좋아!
칵테일 좋아!
술은 다 좋아!

헤밍웨이

위대한 개츠비?
위대한 진 리키!

스콧 피츠제럴드

와인은 신의 피야!

찰스 부코스키

초록빛 시간,
압생트를 나에게!

폴 베를렌, 랭보, 오스카 와일드…

치명적인 음주량과 흑역사 때문인지
러시아 문학에서는 그런 찬양을 보기 어렵다.

술 마시는 장면이
많이 나오긴 하지만
그건 말 그대로
현실 묘사ㅋ

보드카로 칵테일을
만들기 시작하면서 대박이 났다.

보드카토닉
스크루 드라이버
코스모폴리탄
화이트 러시안
블랙 러시안
블러드 메리
모스코 뮬
⋮

無의 잠재력!

전 세계인이 보드카를 베이스로 한
다양한 칵테일을 즐기는 가운데

뭐든

갖고 와봐!

보드카는 여러모로 한국의 희석식 소주와 비슷하다. 우리가 소주를 차게 해서 먹는 것과 같은 이치!

물론 세상에는 미지근한 소주- '미쏘'를 좋아하는 사람도 존재함…

쪼오오오옵

뭐 왜 내가 뭐.

드라마 〈술꾼도시여자들〉 지구 ♡

차게 해서 먹으면 특유의 알코올 향과 맛이 좀 누그러지지만

맛만 부드러워질 뿐 도수가 매우 높으니 벌컥벌컥 마시면 안 됩니다~

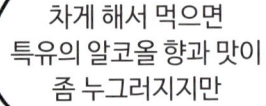

보드카는 찔끔찔끔!

그나저나

이번 이야기를
슬슬 끝낼 때가 됐는데
어떻게 마무리하지?

오늘따라
유난히
잡다하네?

9잔 '보드카' 끝

✳︎한뼘 상식✳︎

- 예전보다 덜 마신다고는 하지만 지금도 여전히 러시아 사람들은 손님에게 보드카 한 잔을 권하는 풍습이 있고, 잔을 비우지 않으면 굉장한 무례라고 하네요.

- 천차만별이었던 보드카의 도수를 40도로 통일시킨 건 주기율표의 아버지 멘델레예프입니다. 40도가 우리 몸에 가장 잘 흡수되고 최상의 술맛을 낸다는 이유였는데 의학적 근거가 있다기보다는 그냥 그 당시 가장 인기 있던 도수로 정했으리란 게 지금의 해석입니다.

- 외국에선 한국 소주를 '코리안 보드카'라고도 하는데 도수가 40도 이상이어야만 보드카니까 이건 잘못된 말이죠.

- 스미노프는 미국, 앱솔루트는 스웨덴! 그럼 러시아의 대표 보드카는? 벨루가Beluga 보드카입니다. 추천!

10잔

샴페인

> "
> 형제들이여, 빨리 오시오.
> 나는 지금 별을 마시고 있습니다!
> "

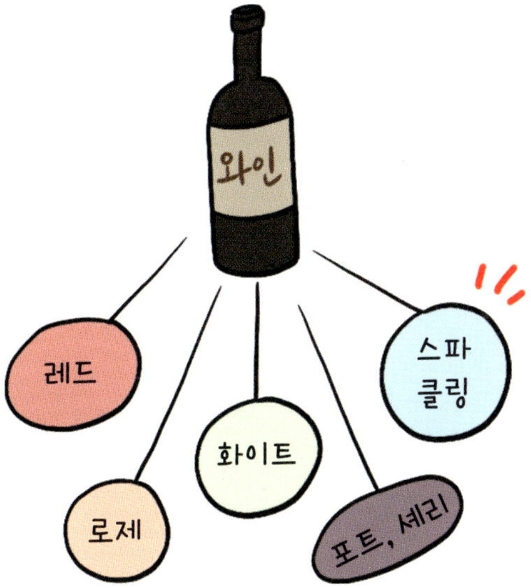

와인의 한 종류인
스파클링(발포 와인) 중에서도

1)프랑스 샹파뉴 지방에서
2)전통 양조법으로 만든 것만

'샴페인'으로 부를 수 있다

= '샹파뉴'를 영어로 읽으면 '샴페인'

스파클링 와인의 종류는
지역별로 다양하고 맛도 천차만별.

🇫🇷 프랑스: 샴페인, 크레망, 뱅 무소
🇮🇹 이탈리아: 프로세코, 스푸만테
🇪🇸 스페인: 까바, 에스푸모소
🇩🇪 독일: 젝트, 샤움바인

그중에서 샴페인이
단연 최고로 꼽히는 건
수 세기에 걸쳐 와인을 발전시켜온
**샹파뉴의 제조 기술이
압도적으로 뛰어나기 때문!**

인류를 위해
길이 보존할 것!

샹파뉴 지역의 언덕과
샴페인 하우스, 저장고는
2015년 유네스코 세계문화유산으로
등재되기도 했다!

야! 나도
올라가면
안 되냐?

이렇게 유명한데!

휘이~

응, 안 됨.
너도 와인.

품질이 좋은 샴페인은

풍부한 아로마향

입안에서 부드럽게
터지는 거품

산뜻하고
상쾌한 맛

**와인의 한 종류라는 게
믿기지 않을 정도로
독특하고 독보적인 맛을 자랑한다.**

이 매력적인 술은 처음에
어떻게 만들어졌을까?

우리에게 아주 익숙한 이름이
여기서 등장한다.

돔 피에르 페리뇽(1638~1715)

**이후 페리뇽은 압력을 잘 견디는 병과
코르크 마개를 개발하고,
적포도로 깨끗한 백포도주를 만드는
프레스 공법을 고안하는 등
샴페인 제조법을 크게 혁신했다.**

돔 페리뇽이
샴페인을 최초로
만든 건 아니고
‥‥
발전시킨 거죠.

자기 이름을 딴
와인을 만들어서
대성공을 거뒀고요.

'돔Dom'은 성직자의 최고 등급인 '다미누스Dominus'를 줄인 말로,
수도원에 기여한 업적을 인정받아 돔 페리뇽이라고 불리게 되었다.

샴페인 제조법은 위낙 섬세하고 까다롭기로 유명하다.

샴페인 원료로 허용된 세 가지의 포도품종인 피노누아, 피노 뫼니에, 샤르도네를 사용하여 베이스 와인 또는 퀴베를 만든다. 압착(전통적으로 포도 4000kg 기준)은 두 차례로 나뉘어 행해진다. 우선 첫 번째 압착에서 퀴베즙 약 20 헥토리터(2050L)를 얻은 뒤, 두 번째 압착에서는 프르미에르 타이유라고 부르는 즙(410L)을 얻는다. 이 포도즙들을 사용해 전통적인 방식으로 비발포성 화이트와인을 만든다. 이어서 1차 발효가 끝난 와인에 리쾨르 드 티라주(설탕과 효모의 혼합)를 첨가한 뒤 병입한다. 이것을 티라주(tirage) 라고 한다. 이를 통해 병 속에서 약 5~6기압에 해당하는 탄산가스가 발생하는데 이 단계가 바로 2차 발효다. 다음 단계는 비스듬한 선반에 올리고 병을 정기적으로 돌려주며 찌꺼기를 병목으로 모으는 르뮈아주(remuage) 작업이며 이 과정이 끝나면 찌꺼기를 배출하는 데고르주망 작업이 이루어진다. 마지막으로 설탕, 오래된 와인, 에스프리 드 코냑 등의 오드비를 섞은 리쾨르 엑스페디시옹을 첨가한 뒤 최종 벌봉한다.
「샴페인 제조법」, 《그랑 라루스 요리백과, 강현정, 김미선》

어차피 못 외우니 흐리게 처리한다…

제작 공정상
태생적으로 비쌀 수밖에 없고
비싼 술을 일상적으로 마실 순 없으니
생일이나 기념일, 축하 파티 등
특별한 날에 터뜨리는 술이 된 것.

샴페인을 "터뜨린다"는 표현이
가장 잘 어울리는 건
'우승 세리머니 샴페인'이죠.

골프

레이싱

POP!

야구

NBA의 우승 샴페인도
유명하구요.

샴페인 거품이 넘쳐흐르는
화려한 세리머니를 보면

축하와 파티의 술, 샴페인.
비용적으로 샴페인이 무리면
크레망이나 까바도 충분하다.
좋은 일에 기뻐하고 축하해주는
그 마음이 더 중요하니까.

스파클링 와인의
뚜껑을 따는 경쾌한 소리
뽀글뽀글 기포와 산뜻한 맛은
즐거운 축하 자리에 제격!

그럼 이제부터 우리도 축하 타임을 가져볼까요?

온라인 연재할 때 댓글로 사연을 받았죠~

하나씩 읽어볼게요~
독자님도 함께 축하해주세요 :)

1년간 '간헐적 단식' 해서
5킬로 빠졌어요!
계속 잘 유지해보려고요!
-ㄴ님

1킬로 빼기도 어려운데 5킬로나?
정말 대단해요!
건강하게 유지 고고~

퐁~

체중감량
축하해요!

다니던 회사를 그만두고
2년 동안 새로운 직무로 취준하다가
드디어 커리어 전환에 성공했습니다.
주변의 따가운 눈초리와 잔소리로
힘들었지만 결국 보람 있는 결과를
얻었어요. 축하받고 싶습니다~
- ㅋ님

2년 동안
쉽지 않았을 텐데
멋집니다!

**커리어 전환
축하드려요!**

미래의 저를 축하해주고 싶어요.
6년의 취준을 끝으로
드디어 취뽀한 나, 축하해~
공무원 시험 최종 탈락에
헌법 과락으로 두 번 떨어지고
공기업으로 돌리는 등 정말 고생 많았어.
(이게 꼭 내년에 사실이 되길 바라며
미리 셀프 미래 예언 해봅니다~)
-S님

우와~
'예언 축하'
넘 좋은데요?

(내년에 꼭 이루실)
취뽀 축하합니다!

"나도 나도!
만화 작업
잘하고 있어.
축하해~
응원해~"

"그리고 지금 이 책을 보고 계신
독자 여러분 모두를 축하합니다~"

"축하받을 만한 일이
없다구요?"

"잘 찾아보면
뭐라도 나오지 않을까요?
모처럼 쾌변을 봤다든가
새로 한 머리가 예쁘게 됐다든가
오늘 아침 전철에서
운좋게 자리에 앉았다든가…"

사실 참 이모저모 하루하루
살기가 힘든 세상인데요,
그럴수록 일상에서
작은 즐거움을 찾는 습관이
중요한 것 같아요.

나 자신이나 주위 사람에게
사소하더라도 좋은 일이 생기면
맘껏 축하해주고 실컷 기뻐하면서,
답답하고 걱정스러운 날들을
잘 버텨보기로 해요.

무엇보다 우리가 지금
살아 있음을 축하하며~

10잔 '샴페인' 끝

✳ 한뼘 상식 ✳

- 샴페인을 잔에 따르면 무수히 많은 버블들이 아름답게 올라오는 걸 볼 수 있죠. 이 버블의 크기, 밀도, 지속성이 샴페인의 품질을 평가하는 중요한 척도입니다.

- 대부분의 샴페인은 길쭉한 모양의 플루트Flute 글라스를 사용하는데, 옛날 영화나 그림을 보면 넓은 볼 형태의 쿠페Coupe 글라스가 유행했다는 걸 알 수 있어요. (영화 〈위대한 개츠비〉의 그 유명한 건배 신을 떠올려보세요!)

- 샴페인을 즐기는 데 길쭉한 글라스가 좋은지, 넓은 글라스가 좋은지는 애호가들 사이에서 의견이 분분하고 과학적으로도 연구가 활발하게 이뤄지고 있답니다. 과연 답은 뭘까요? 기회가 되면 두 종류 잔에 직접 마셔보고 판단해보세요^^

2차

동양술

11잔

소나무와 학

"
이건 술이 아니라
약으로 마신 것
"

―

물론 시원하게도 잘 마시지만 얼음을 넣는 술은 드문~

> 마실 줄만 알고 지식은 부족한 술꾼이라
> 술 제조법 부분에만 이르면
> 흐린 눈을 해가며 필사적으로 피해왔지만

> 그래도 우리술만큼은 어떻게 만들어지는지
> 알아두면 좋겠죠?
> 간단하게라도 한번 봅시다!

우리술 만드는 과정

① 쌀을 깨끗하게 씻어 물기를 뺀 뒤

② '고두밥'을 찝니다. 찹쌀이나 멥쌀을 사용해 물을 적게 잡고 찰기 있게 만들어요.

③ 술 빚는 데 꼭 필요한 당화제이자 발효제 '누룩'을 준비하고

④ 식힌 고두밥에 물과 누룩을 넣어 잘 섞어줍니다.

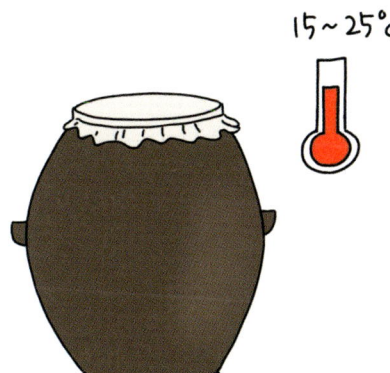

⑤ 항아리에 옮겨 담고 발효시켜요!

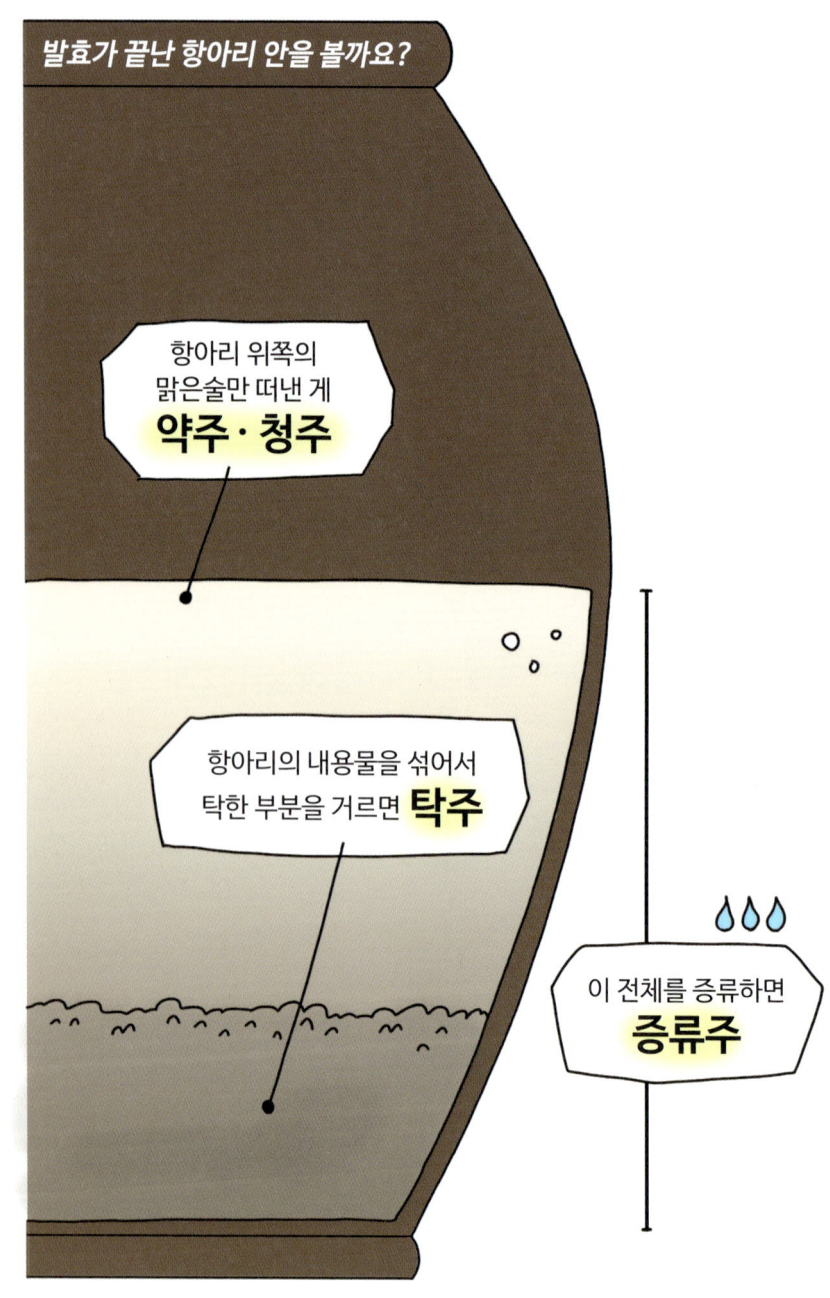

근데 약주와 청주는 뭐가 달라요? 왜 구분하죠?

앗! 까다로운 질문!

두 술의 이름과 역사에는 일제강점기부터 시작된 사연이 있지만… 너무 길고 복잡하니 여기선 생략!

결국 슬쩍 넘어가기?

쉿! 어쩔 수 없다구

법적으로는 쌀 대비 누룩의 비율이 1% 미만이면 청주, 1% 이상이면 약주로 구분해요.

자세히 보자면 더 복잡하지만 일단 우리는

쌀, 물, 누룩 외에 아무것도 넣지 않은 맑은술 = 청주

약재나 향신료를 첨가해 향과 맛을 더한 술 = 약주

이 정도로 기억하면 좋을 듯해요!

제가 계속
'전통주'라 하지 않고
'우리술'이라고 하는 건
그게 더 범위가 커서예요.

국가 무형유산 보유자나 대한민국식품명인이
국산 농산물을 이용해 만든 술

농민이나 농업법인이
양조장 소재지 근처 지역에서 생산한
농산물로 만든 술

'전통주산업법'의 기준에 따르면
우리가 흔히 마시는 저렴이 막걸리나
소규모 양조장에서
특색 있게 만드는 술들은
전통주가 아니거든요.

서민의 친구
섭섭하걸리!

나는 또
전통주가
아니야?

나도 전통 방식을
고수했는데?

주세법상 전통주의 기준에는
못 미치더라도
우리 재료 또는 우리 방식을 썼다면
폭넓게 '우리술'로 통칭하고자 해요.

외국인에게
K-술을 널리 알린
일등공신이라구!

투명한 잔에 따르면
더욱 빛나는
맑은 황금색

은은하게 풍겨오는
약재향과 오크향

약재의 쌉쌀함과
쌀의 부드러움이
동시에 느껴지는 맛!

캭!

독한데 맛있어!

딱히 1월에 마시는 세시주는 아닌데 1월의 술로 꼽은 이유는 뭘까요?

답은 바로바로~

소나무와 학 = 1월이어서…

11잔 '소나무와 학' 끝

✳ 한뼘 상식 ✳

- 조선시대 기록을 보면 탁주와 대비되는 맑은술을 '청주'라 통칭했는데요, 가뭄이 들어 금주령이 내려지자 조선의 술꾼들이 "이건 술이 아니라 약으로 마신 것"이라며 단속을 스리슬쩍 피했다고 해요. 여기서 '약주'라는 말이 생겨났다는 설!

- 지금은 덜하지만 한때 청주를 '정종'으로 잘못 부르는 일이 많았죠. 정종은 일본 청주 브랜드 중 하나일 뿐입니다.

- 또한 청주와 사케를 같은 술이라 생각하는 분들도 많은데 그렇지 않습니다! '쌀을 발효시켜 만든 맑은술'이란 건 같지만 우리나라의 청주는 전통 누룩을 사용해 복합적인 맛과 향이 나고 일본의 사케는 입국을 사용해 깔끔한 맛이 나요. 다른 술이에요.

여기서 말하는 '사케'는 니혼슈… 복잡하죠? ^^; 조만간 다시 살펴보아요!

12잔

청명주

"
운치 있게 딱~
때가 되면 마시는 거야!
"

프랑스의 저명한 인류학자이자
구조주의 이론가.

'문화상대주의'를 설파하며
서구중심주의와 인종주의의
오만과 편견을 깨는 데 기여했고

『슬픈 열대』
『신화와 의미』 등
뛰어난 저작들을 인류에 남긴

표층 말고
심층을 봐라!

클로드 레비스트로스
(1908~2009)

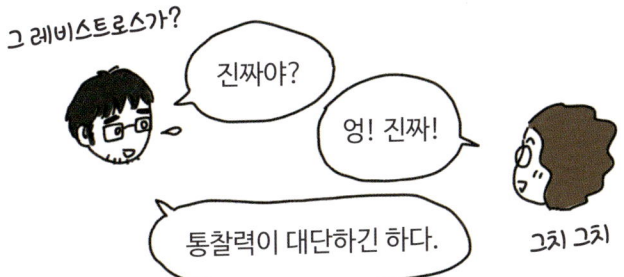

발효란?

곰팡이, 효모, 세균 등
미생물의 작용으로
원재료(A)의 속성이 변하거나(A")
아예 전혀 다른 형태(B)로
탈바꿈되는 현상.

발효는 음식의 보존성을 높이고
새로운 맛과 영양소까지 찾아내는
인류 보편의 음식 문화이자 기술이다.

치즈 식초 와인 낫토

빵 콤부차 요구르트 햄

한국의 발효 음식은 종류도 많고 독창적이며
그 맛이 매우 복합적이고 풍부한 걸로 유명하다.

된장   간장

액젓   김치   고추장

청국장   홍어
       장아찌

이뿐인가요?
우리에겐 맛있고 품질 좋은
술도 있지요!

우리술의 재료는

우리 땅에서 난 **쌀**과 깨끗한 **물**

그리고 **누룩** ☆☆

날곡물을 분쇄해 물로 반죽한 뒤 단단하게 뭉침.
그다음 자연 상태에서 곰팡이를 번식시킨 것.
한국의 전통 누룩은 모양도 재료도 미생물의 종류도 다양하다!

우리가 곡물의 전분을 당화시키지!

우리 없으면 술이 안 됨ㅇㅇ

쌀 자체는
향이 강하지 않기 때문에
어떤 누룩을 어떻게 쓰는지가
술맛을 좌우해요.

그래서 예부터
술 빚는 분들은
이 누룩을 무엇보다도
각별히 신경쓴다고 하죠.

우리
양조장만의
비법 누룩~

소중

오늘 이렇게
누룩 이야기를 하는 이유가 있어요.

우리나라에는 '세시주' '절기주'라 해서
세시풍속이나 계절에 맞는 술을 빚어 마시는
아주 운치 있는 술문화가 있지요.

산에 들에
진달래 피니
진달래로
두견주

복숭아꽃이 피었다!
도화주를 빚으시고~

귀한 햅쌀이 나왔으니
감사한 마음 담아
신도주를 마셔볼까~

기왕이면 계절에 어울리는 술을
여러분께 추천하고 싶어서

세상 누구보다 절기의 풍류를 즐기는
절기 인간이자
아무튼, 술 전문가에게
자문을 구했습니다.

> 독자들에게
> 지금 마시면 좋은 술 하나만
> 추천해줘~

 김훈비

> 지금 시기에 딱 맞는 술은 없는데
> '다가올 봄 술'이라면 3개쯤 있어.

> ㅇㅇ

 김훈비

> 일단 청명주. 24절기 중에서 절기주로 시중에 나와 있는 건 '청명주'가 유일한데, 나는 매년 청명을 잘 보내기 위해서 청명주만큼은 꼭 미리 사둬. 조선 후기 실학자 이익 선생님이 저서 『성호사설』에서 "나는 평생 청명주를 가장 좋아하며 청명주의 양조 방법을 혹시나 잊어버릴까 두려워서 기록해둔다"며 청명주 양조법을 기록해놨는데, 이 기록을 토대로 이제 현대에 맞게 복원해서 빚은 청명주들이 나오고 있어. 그러니까 옛 문헌에 그 레시피가 나와 있는 몇 안 되는 전통 오브 전통술이지. 인터넷에 검색하면 여러 양조장에서 만들어서 출시한 청명주들이 있고, 시중의 청명주는 다 마셔봤는데 내 입맛에도 그렇고, 주변에 술 좀 마신다는 분들의 의견도 그렇고 가장 맛있는 청명주는 '한영석 청명주'. 한영석 선생님이 굉장한 누룩 장인으로 정말 누룩의 맛과 품질을 국내에서 제일 잘 다루시는 분으로 일가를 이루신 분인데 그래서 이 한영석 청명주는 찹쌀로만 빚어진 술인데도 마시다보면 은은한 배향이 나는 상큼한 단맛이 삭 도는데 뭔가를 가향하거나 단맛이 나는 재료를 섞지 않고 100퍼센트 찹쌀만으로 이런 맛을 낸다는 것 자체가 굉장한 장인인 것이고 신기하고

헉!

지, 진정해!

이것 3배 분량 멘트를 보내줌

절기와 술에 진심인 김혼비 작가님께서 세 가지 봄 술을 추천해주었어요.

눈알 빠지는 줄 ㅋㅋ

추천 감사 감사 ♡

청명에 마시는 **청명주**.

진달래꽃 만개한 춘분에 마시는 **면천두견주**.

향긋한 쑥의 계절 봄에 마시는 쑥 막걸리, **쑥크레**.

이중에서 청명주를 골라봤어요. 예전에 충주에 갔다가 엄청 맛있게 마셨던 기억이 있거든요.

충북무형유산 2호 중원당 청명주

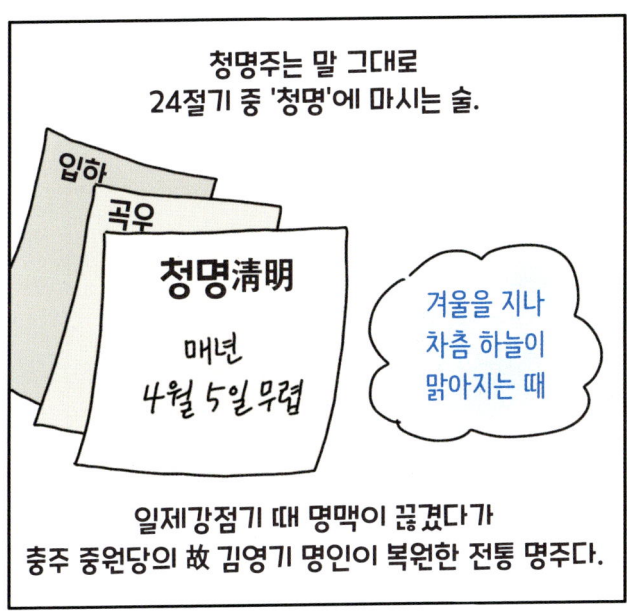

한영석 청명주에는 독특하게
배치Batch라는 번호가 붙는데,
술 빚는 데 사용한 누룩이 다르다는 뜻이다.

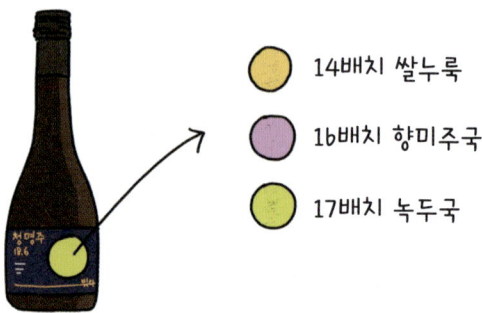

- 14배치 쌀누룩
- 16배치 향미주국
- 17배치 녹두국

같은 쌀과 물, 제조법을 써도
누룩이 다르니 술의 맛과 향이 각각 다르다고!

지금은 19배치까지
나와 있는데요,

배치당 한정 수량이 있고
한 번 지나가면 다시 마실 수 없으니
새 배치가 나올 때마다
품귀 현상 발생!

다가오는 청명에 마시려고
미리 한 병 주문했어요~

두근
두근

찬을 내주고 술을 취한다

12잔 '청명주' 끝

✴ 한뼘 상식 ✴

- 술 빚는 데 쌀, 물, 누룩만 있으면 된다니, 그럼 집에서도 술을 만들 수 있나? 물론입니다! 가정용 누룩을 인터넷으로 구할 수 있으니 나만의 술을 직접 빚어보세요.

- 고두밥+물+누룩을 섞는 단계에서 딸기, 유자 등 제철 과일이나 꽃잎, 약초를 넣어도 색다른 술이 만들어지죠.

- 하지만 역시 술은 사 마시는 게 더 맛있습니다? 약은 약사에게, 술은 양조인에게♡

※ 맛있다고 빨리 마시면 금방 취합니다. 대부분의 약주가 참이슬보다 도수가 높음!

13잔

증류식 소주

"
엑기스… 아니 에센스!
소주의 진수다!
"

멍청함을 뽐냈던 부끄러운 일화인데
지금 가만~히 생각해보면
아주 헛소리만은 아닌 듯?

'엑기스'가 '추출'을 뜻하는 단어에서
비롯된 건 맞으니 말이다.

그때 내가 받아 마신 술이

45도짜리 안동소주였다.

한 방울
한 방울

진하게 응축한

증류식 소주의
대표주자.

증류주는 이렇게 만들어진다.

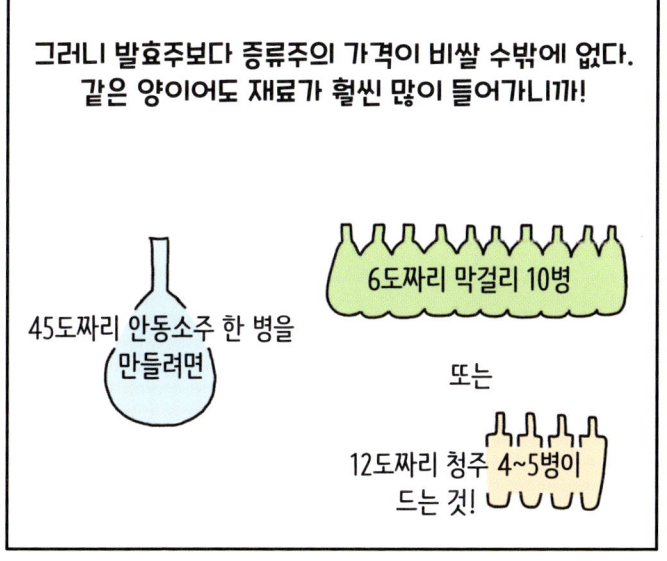

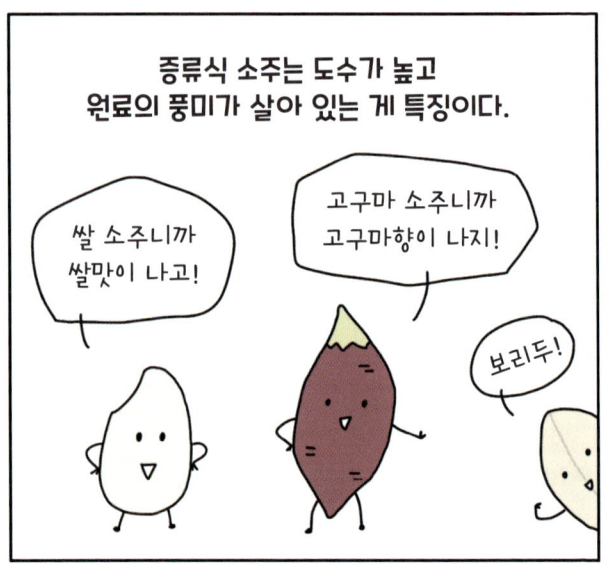

> 맛있는 술이 너무 많아서
> 하나만 고를 수가 없어ㅜㅜ

고소리술 프리미엄 려 안동소주
황금보리 문배주 이강주
감홍로 죽력고 삼해소주

독도소주
  겨울소주 일품진로
진도홍주 서울의 밤 추사47 화요
  성산포소주 풍정사계 동 동해소주
원소주
토끼소주 두레앙

↳ 대략 이 정도 마셔봤어요.
(빠진 것도 많을 듯)

다 맛있다구!

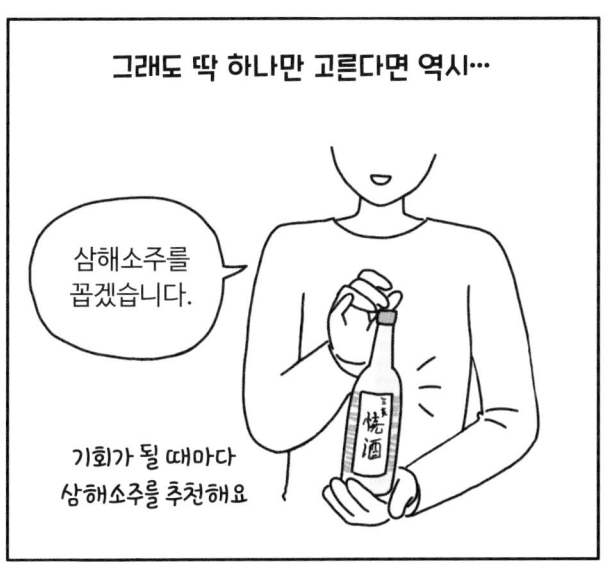

천년의 역사를 가진 삼해주는
정월 첫 해일亥日(돼지날)을 시작으로
12~36일 주기로 돌아오는
세 번의 해일에 걸쳐 빚는 술이다.
그래서 삼해주三亥酒.

쌀로 세 번이나 덧술을 하니
얼마나 진하겠는가!

삼해주 제조기능보유자인 김택상 명인께서
삼청동 술도가에서 이 술을 빚으실 적에
종종 방문해서 시음도 하고 술을 사곤 했다.

술을 맛보여주시면서
한지를 꼬아 인형을 만들던 명인의 손!
(그립습니다ㅠㅠ)

안타깝게도 2021년 지병으로 작고하시면서
삼해주의 명맥이 끊기는 게 아닌가 우려했는데
함께 술을 만들던 삼해소주 대표께서
뒤를 이어 삼해주를 계속 빚고 있어요.

휴~ 천만다행!!

기능을 보유하신 명인들은
점점 연세가 많아지시는데
술 빚는 일이 고되다보니
전수자가 없는 술도 많대요.

부디 우리술이
더 많은 사랑을 받아서
전통이 오래
계승되면 좋겠구요,

"이 술도 언제 없어질지 모른다!"는 생각으로
있을 때 부지런히 찾아 마시자구요!

13잔 '증류식 소주' 끝

✼ 한뼘 상식 ✼

- 알코올 증류 기법은 페르시아의 한 과학자가 발견했다고 해요. 아라비아 상인을 통해 이 기법이 유럽으로 전파되어서 위스키를, 우리나라로 오면서 소주를 만들 수 있게 되었습니다.

- 소주가 역사에 최초로 기록된 건 고려 공민왕 때입니다. 처음에는 양반 이상만 마시는 고급주였지만 1920년대에는 한반도 전역에 수천 개의 양조장이 들어설 정도로 두루 즐기는 술이었는데요.

- 일제강점기 때 일본으로 탈취해가느라 쌀이 부족해지자 일본은 가정에서 술을 빚지 못하게 하고 높은 세금을 매기는 등 압박을 가했습니다. 전통적인 방식의 증류식 소주는 점차 자취를 감추고 공장에서 대량생산한 희석식 소주가 그 자리를 차지하게 되었죠.

To be continued…

14잔

희석식 소주

" 추억도 너무너무,
흑역사도 너무너무 "

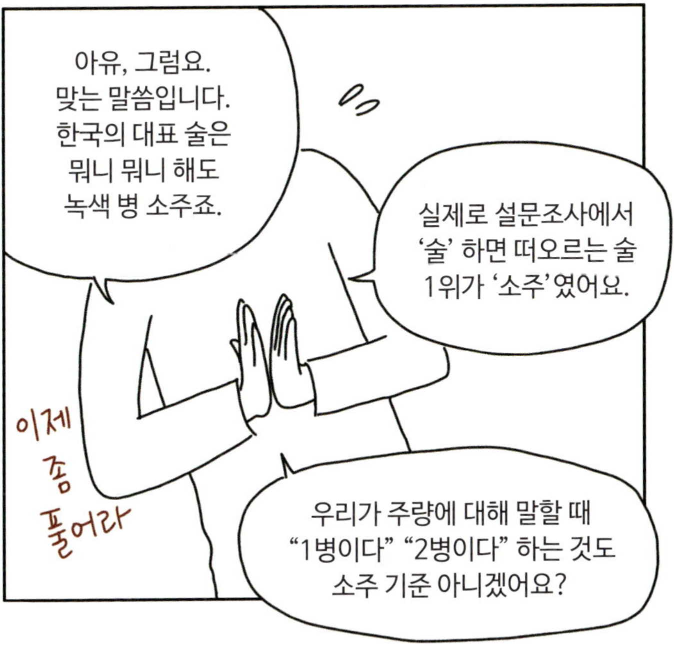

물론 전통 소주처럼
쌀이나 보리 같은 진짜 곡물은 아니고
타피오카전분이지만…

네. 제일 싼 거죠.
또 전통 소주는 단식 증류를 해서
원재료의 맛과 향이 살지만
선생님은 기계로 200번 이상 증류하니
맛과 향이 다 날아가죠.
무색 무미의 독한 주정에
물을 섞는 거구요.

그, 그래서
여러 가지 향과 맛을 추가하는
노력을…

아하~
화학첨가물 말씀이군요!
인공감미료인 에리스리톨,
효소처리스테비아,
스테비올배당체, 토마틴…

선생님.
저는 이렇게 생각해요.

희석식 소주는
술맛 자체가 뛰어나거나
개성이 있진 않습니다만

지글지글 기름진
고기에도 잘 어울리고

쫄깃한 회나 해산물과도
잘 어울리고

매콤한 볶음이나 국물에도
아니, 그냥 아무 밑반찬에도
잘 어울리는 술이지요.

뒤로 슬쩍 물러나
안주를 돋보이게 해준달까요.

요즘처럼 주머니 사정이 어려울 때 가장 부담없이 찾을 수 있는 서민의 오랜 친구고요.

마음이 갑갑하거나 고민이 있을 때

또는 친구가 힘들어할 때 툭 던지기 좋은 말,

"소주나 한잔 하자."

이 말만큼 맛이 나는 게 또 없어요.
맥주도 와인도 위스키도 아니에요.
오직 소주,
아니 '쏘주'여야 하죠.

전통 방식의 증류식 소주, 맛있죠.
문화적 가치가 있고, 소중해요.
많이 아낄 거예요.

하지만 동시에 저는
이 녹색 병, 투명 병에 담긴
쓰디쓰면서 단
저렴이 희석식 소주와도
언제까지나 함께할 거예요.

14잔 '희석식 소주' 끝

✳한뼘 상식✳

- 소주 도수는 100년 동안 무려 20도가 낮아졌어요. 1920년대 35도였던 '진로'는 1970년대에 25도까지 떨어졌는데, 이 도수가 불문율이 되면서 '소주=25도' 시대는 한참이나 지속됐답니다.

- 그러다 1995년 '화이트'라는 23도짜리 소주가 등장해 큰 인기를 끌었고 한 번 25도의 벽이 깨지자 그뒤로 경쟁적으로 도수가 낮아지기 시작했죠. 현재 대부분 16도 선에 형성되어 있는데, 2023년 14.9도의 선양소주가 출시되면서 15도의 벽마저 깨졌네요.

- 부드럽고 순한 맛을 선호하는 분들께는 좋은 일이지만, 도수는 낮은데 가격은 그대로니 1병 마실 술을 2병 마시게 되는 술꾼들은 부드러운 맛에도 입이 쓰네요^^

1병만 마시면 되지. 꼭 취할 때까지 마셔야 해?

?

중간에 끊어? 엄마 그렇게 독한 사람 아니다.

나중에 너도 알게 될 겨

15잔

서브곡주

"
그 어떤 척박한 환경에서도
어떻게든 술을 빚고야 마는
"

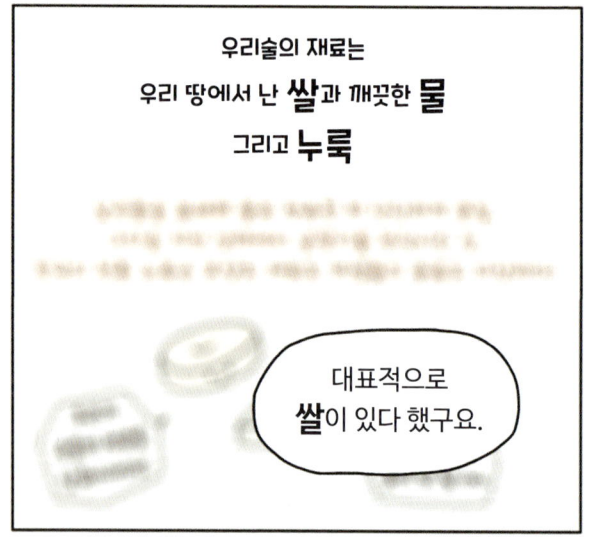

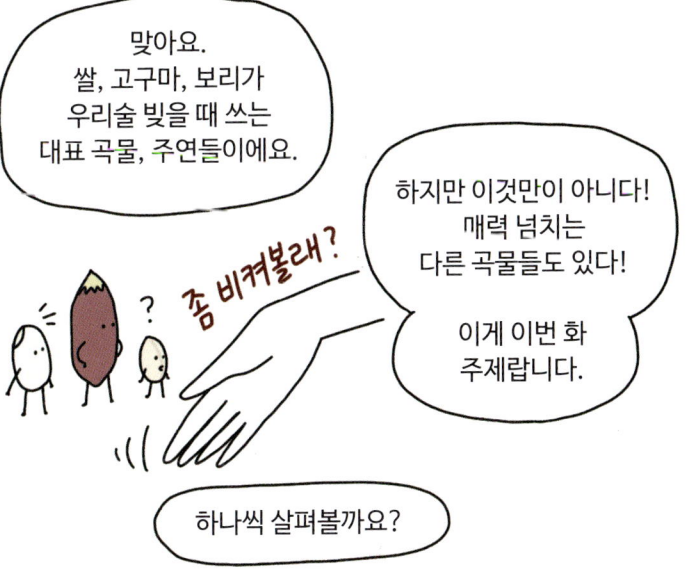

술 빚는 **곡물 친구를 소개합니다**

수수

중국 고량주 재료가 바로 나!

수수는 아프리카에서 기원전 3000년 전부터 재배된 것으로 알려져 있어요.

구수하고 영양소가 풍부해서 수수팥떡, 부꾸미, 차로 즐겨 먹는 곡물이죠.

조

작다고 무시하지 마!

동글동글 작고 귀여운 조는 역사가 더 오래됐어요. 기원전 6500년 추정!

껍질을 제거한 낟알을 '좁쌀'이라 부르며 주로 밥 지을 때 넣지요. 엿, 떡을 만들 때도 쓰고요.

이 수수와 조로 빚는 술이 바로
5대째 전수되고 있는 국가 무형유산
문배주입니다!

곡물만 들어가는 순곡 증류주라
과실을 쓰지 않는데
술에서 향긋한 문배(야생 배)향이 나서
문배주라는 이름을 갖게 됐어요.

지금은 마트에서도 많이 파는 문배주!

기름지거나
향이 강한 음식과
잘 어울려서

저는 족발을 먹을 때 꼭
문배주를 마시죠!

좁쌀로 만드는 유명한 술이 또 있어요.
제주도의 오메기술!

차좁쌀을 빻아 익반죽해서
오메기떡(술떡)을 만들고
다시 이걸 발효시킨 게
오메기술이에요.

팥고물 묻힌
이 달콤한 오메기떡 말구X

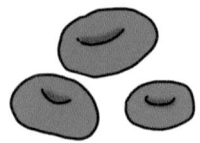

술을 위해 빚는 구멍떡!O

오메기술을 증류하면
제주도의 전통 소주
고소리술이 되는 거구요.

이거 본 적 있죠?
전통식 증류기!

이 소줏고리가
제주도 방언으로
'고소리'라서
고소리술!

향긋하고 맛있어요!

제주도의 토양은 벼농사를 지을 수 없는 화산회토예요.

화산재가 쌓여서 만들어진 땅이라

논논논논 NO

물이 쭉쭉 빠진다!

때문에 과거 제주의 주요 식량은 조와 보리였고 술 역시 좁쌀로 만들었던 거죠.

척박한 토양으로 치면 강원도도 마찬가지!

험준한 산악 지형이라 벼농사가 어려운 곳이지만 강원도의 농민들은 생명력이 강한 콩과 메밀, 옥수수, 감자 등을 키워냈어요.

마이 먹으라니~

> 술 빚는 곡친에
> 메밀을 빼놓을 수 없죠!

메밀

> 모밀로 불리기도 했지만 메밀이 표준어!

메마른 토양에서도 잘 자라고 병충해가 적은 장점이 있어 강원도와 제주 산간에서 많이 재배해요.

차가운 성질의 곡물이라 여름에 특히 애용됩니다.

> 주로 가루를 내어
> 국수, 냉면, 묵 등을 만드는데

메밀국수　　메밀묵　　메밀전　　메밀차

> 이 메밀을 넣은 술이 또 별미랍니다!

메밀 증류주는 고소하면서도 강렬한 맛으로 술꾼들 사이에서 인기가 많구요.

최근에는 제주 메밀 특유의 맛과 향을 살린 에일 맥주도 나왔답니다!

쌉쌀하면서 상쾌해!

그런가 하면 강원도에는 감자술도 있지요.

감자를 먼저 찌고 으깬 감자 위에 누룩을 올려 발효시켜요. 오메기술 빚는 법이랑 비슷하죠?

절로 배꼽인사♥

아~ 정말이지 그 어떤 척박한 환경에서도 어떻게든 술을 빚고야 마는 조상님들! 존경하고 감사합니다!

조, 수수, 메밀, 감자.
그 자체로 뛰어나고 쓰임새가 많기에
'서브'라고 표현하긴 미안하지만

'우리술의 재료'로만 봤을 땐
조연급이긴 해요.

하지만 나는 언제나
'서브 주인공'파!

오늘의 교훈!

15잔 '서브곡주' 끝

✳ 한뼘 상식 ✳

- 곡물 주재료 외에 새롭고 독특한 부재료를 써서 특별함을 더한 우리술이 많아지고 있는데요. 복분자, 오디, 인삼, 송이, 국화... 이 정도는 많이 들어보셨죠? 그럼 이건 어떠세요?

==청양고추! 바질! 커피! 바닐라빈! 레몬! 샤인머스캣! 민트!== 헉!

맛이 궁금하지 않나요? 한 번쯤은 과감하게 도전해보아요!

- 곡친소에 '밀'이 왜 없느냐!? 밀은 막걸리 편에서 다시^^

16잔

고량주

"
목이
타들어간다.
"

예를 들어볼게요.

제 친구 D는 수박을 좋아해요.
정확히는 수박의 색깔.

수박 좋아♥

D의 집은 그야말로
수박 천지.

입구의 발매트를
시작으로

곳곳에
놓여 있는
수박 인형과
피규어들.

주방과 그릇장에도 수박! 수박! 수박!

수박 핀! 수박 손수건! 수박 부채! 수박 키링! 수박 파우치!

손수 만든 구슬가방도 당연히 수박 무늬!

이 세상의 수박 아이템은 전부 사들일 셈이야?

아냐 아냐~ 내가 산 것도 있지만 선물 받은 게 더 많아~

미피 친구도 있고 유령 친구도 있습니다.

미피 보니
Y 생각이 나서~

유령이다!
P 주자~

꼭 캐릭터가 아니어도요.
내가 뭘 좋아하는지 아는 사람이 많으면
그만큼 정보나 도움을 주는 일이 많죠.

만두 귀신!
OO가게
만두 맛있더라!
꼭 가봐!

중고서점에
하이스미스
절판된 책이 있다!
사다줘?

사실 지금까진 별로 의식하지 못했는데

최근 들어 확실하게 느끼고 있어요.

우리집에…

대만에서 사온 고량주가 있는데 난 안 마셔서. 가져가.

고량주 선물 받았는데 너가 마실래?

미깡네로 고량주 가져갈게, 같이 마시자!

고량주가 모여들고 있다!

고량주 종류도 어마어마하게 많지만 한국에서 흔히 볼 수 있는 술만 꼽으면

연태 고량주
한국에서 가장 대중적인 고량주. 연태(옌타이)는 술 원산지.

공부가주
공자 가문에서 대대로 만든 술. 농후한 향을 자랑한다.

이과두주
2차 증류로 깨끗하고 강력하다! 북경 사람들이 가장 사랑하는 술.

빼갈 = 바이주 = 백주 (같은 말)
고량주 ← 백주의 한 종류
연태구냥 ← 고량주의 한 종류

솔직히 그동안 막 섞어 썼는데 이제야 정리가 되더라구요.

역시 좋아하면 잘 보인다!

16잔 '고량주' 끝

✳ 한뼘 상식 ✳

- 고량주의 재료 수수는 특유의 붉은색 때문에 『해님 달님』 동화에도 등장하죠. 썩은 동아줄을 잡은 호랑이가 수수밭에 추락하면서 피가 묻는 바람에 붉은색이 됐다고요. 이 붉은색이 잡귀를 물리치고 액을 면하게 한다 해서 아이 백일상과 돌상에 수수팥떡이 올라가는 전통은 지금까지도 이어지고 있구요.

> "수수의 슬픔은 처연했고, 수수의 사랑은 격렬했다."

- 모옌 작가의 소설을 장이머우 감독이 영화로 만든 〈붉은 수수밭〉은 타오르는 듯 붉은 수수밭의 장관을 담은 작품입니다. 어린 나이에 양조장에 팔려간 주인공 공리가 혼자 힘으로 양조장을 재건하고 고량주를 만드는 장면을 한번 감상해보세요! 고량주를 홀짝홀짝 마시면서!

17잔

사케

> "
> 메뉴판, 라벨을 보고
> 사케 고르는 법
> "

편의점(주류 한정)
우수고객 미깡,

어느 날 문득

사케의 침투력을 눈치채다!

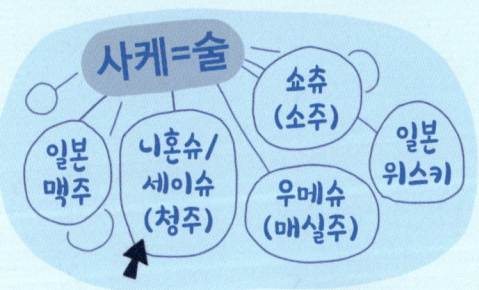

메뉴판 이야기가 나와서 말인데요.

한국 식당과 술집 메뉴판은 대체로 이런 식이죠.

안주(음식) 많~고

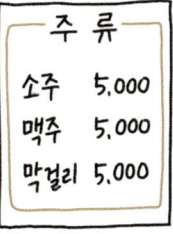

술은 간단!

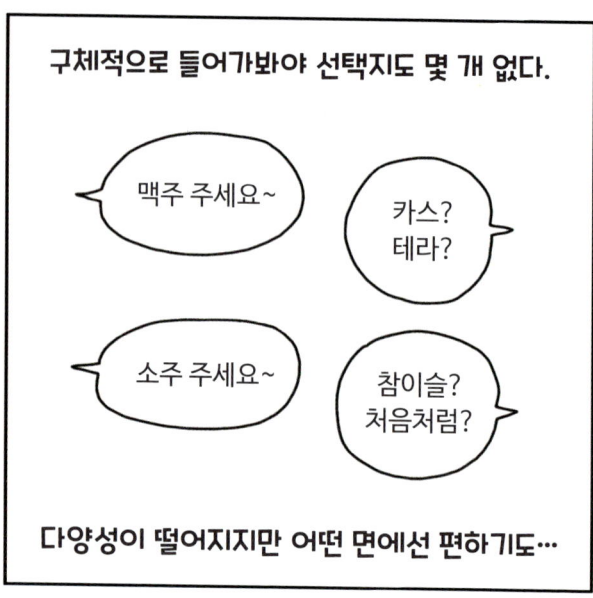

외국에서 온 낯선 술이니만큼
자세히 설명해주면 참 좋을 텐데

사케 메뉴

???

죠젠미즈노고토시--------------
미나토야토스케 준마이 다이긴죠-------
나베시마 준마이긴죠 아카이와오마치나마--

이런 식으로 되어 있으면
당황이 돼, 안 돼?

그래서 오늘 이야기는 '메뉴판, 라벨을 보고 사케 고르는 법!' 입니다.

아주아주아주 초보적인 수준이니까 전문가는 비켜주세요(?)

단도직입적으로 말해, 사케 메뉴판에 최소한 이 정도 정보는 있어야 한다고 생각한다.

핫카이산　　　　　　　　　　00000원

수제 누룩과 핫카이산의 눈 녹은 물이 용수가 된
'라이덴님의 청수'로 빚은 고급 사케.
투명감 있는 풍미에 부드럽게 퍼지는 달콤한 맛.

준마이 다이긴죠 | 니가타현 쌀 | 720ml

도수: 15.5%　주도: +4.0　산도: 1.3　정미보합: 45%

하나씩 살펴보자.

① 핫카이산　　　　② 00000원

수제 누룩과 핫카이산의 눈 녹은 물이 용수가 된
③ '라이덴님의 청수'로 빚은 고급 사케.
투명감 있는 풍미에 부드럽게 퍼지는 달콤한 맛.

④　　　⑤　　　⑥
준마이 다이긴죠 | 니가타현 쌀 | 720ml

도수: 15.5%　주도: +4.0　산도: 1.3　정미보합: 45%
　⑦　　　　⑧　　　　⑨　　　　⑩

① 사케 이름
② 가격
③ 맛과 특징 소개
④ 특정 명칭주
⑤ 원료 생산지
⑥ 용량
⑦ 알코올 도수
⑧ 주도
⑨ 산도
⑩ 정미보합(정미율)

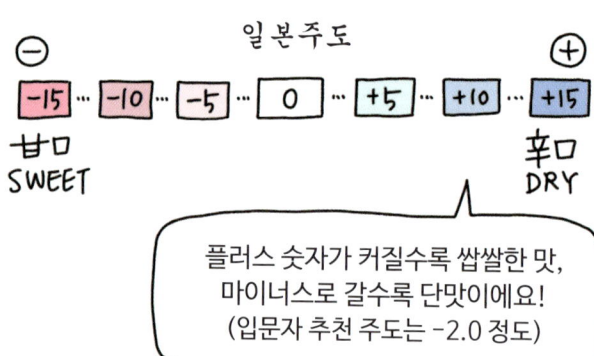

'산도'는 술맛의 짙음과 옅음.

수치가 높을수록 맛이 깊고 농후하며 낮을수록 담백하고 부드러운 맛이에요.

평균적으로 1.3~1.5선!

그다음 '**정미율**'은 많이 들어보셨을 거예요.

쌀을 얼마나 깎아냈냐는 거죠.

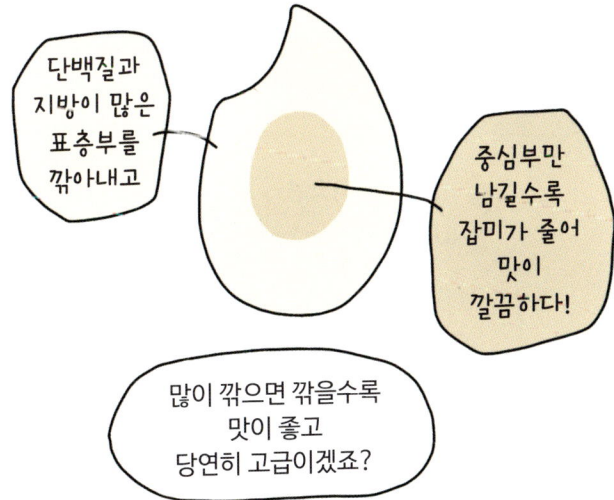

단백질과 지방이 많은 표층부를 깎아내고

중심부만 남길수록 잡미가 줄어 맛이 깔끔하다!

많이 깎으면 깎을수록 맛이 좋고 당연히 고급이겠죠?

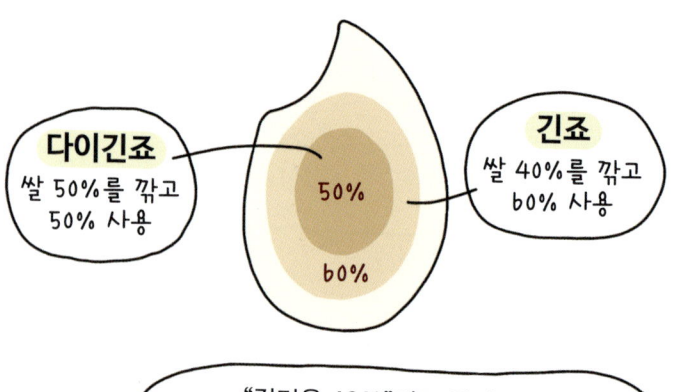

"정미율 40%"라고 적혀 있으면 60%를 깎아내고 **'40%를 사용했다'**는 거예요. 숫자가 낮을수록 고급이고 비싸죠.

여기에 알코올 주정을 넣지 않고 순수하게 쌀로만 만든 경우 **'준마이'**라는 이름이 붙는 거구요.

이걸 합치면~

준마이 긴죠: 순미 + 정미율 60%

준마이 다이긴죠: 순미 + 정미율 50% 이하

내가 고오급

더 깊게 들어가자면
양조장의 명성과 역사,
어느 지역의 쌀과 물인지,
온도를 알맞게 맞췄는지 등
따져볼 게 많겠지만

마니아가 아니라
종종 마시는 정도라면
순미 여부, 정미율, 주도만 알아도
도움이 될 거예요.

자, 그럼 이제
주문해볼까요?

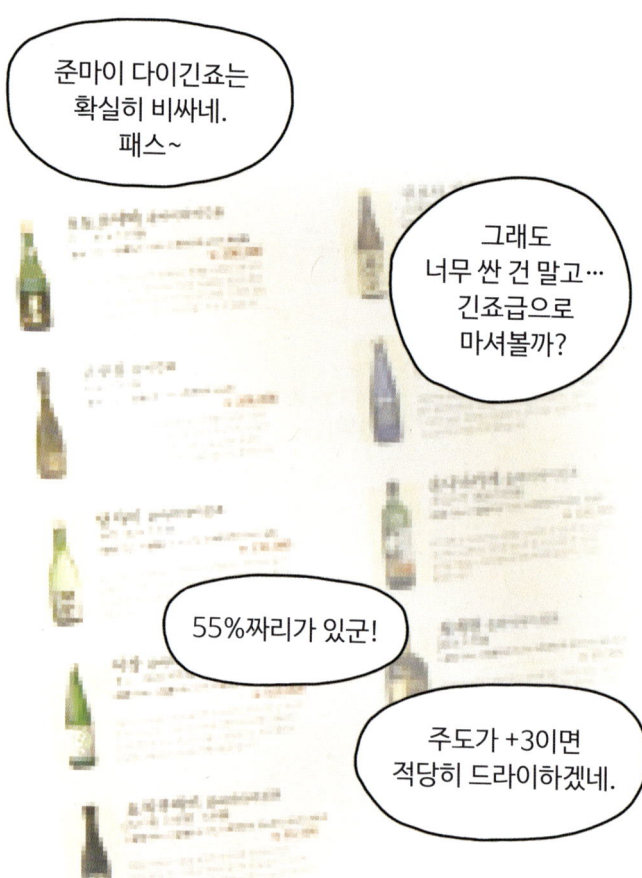

하지만 너무 궁금해서 물어봤더니…

사케는 쌀을 깎아서 만들잖아. 많이 깎아낼수록 고급이고. 그런데 깎고 남은 쌀을 어떻게 하는지 알아?

좋은 질문이야! 🍶 사케를 만들 때 쌀을 깎아내는 과정을 **정미(精米, Seimai)**라고 하는데, 깎아낸 쌀의 겉 부분(정미분)은 그냥 버리지 않고 다양한 용도로 활용돼.

깎고 남은 쌀의 활용법

1. 사료로 사용 🐄🐖

- 소, 돼지, 닭 같은 가축의 사료로 사용돼. 일본에는 '사케정미분을 먹인 돼지'라는 콘셉트의 브랜드도 있어.

2. 쌀과자 & 누룽지 🍘

- 쌀과자(센베이)나 누룽지 같은 간식으로 가공하기도 해.

3. 쌀가루로 가공 🍞

- 빵이나 면을 만드는 데 사용할 수 있도록 가루로 만들어. 일본에는 사케 정미분을 활용한 라멘 면도 있음.

4. 화장품 & 목욕제 🛁

- 정미분에는 보습효과가 있어서 화장품 원료나 입욕제로 활용돼. 전통적으로 일본에서는 쌀뜨물로 세안을 하면 피부에 좋다고도 했잖아?

5. 사케 제조 공정에 재활용 🍶

- 일부 사케 양조장에서는 정미분을 다시 발효과정에서 보조 재료로 사용하기도 해.

버려지는 게 아니라 다양한 곳에서 재활용된다는 점이 흥미롭지?
😄 혹시 더 궁금한 점 있어?

고마워!

천만에! 😊 사케에 더 궁금한 게 있으면 언제든 물어봐~ 🍶✨
즐거운 하루 보내!

17잔 '사케' 끝

✲ 한뼘 상식 ✲

- 정미율에 따른 등급에서 다이긴죠와 긴죠 아래 등급은 혼죠조-30% 도정한 술이에요. 그 외의 것이 후쓰슈, 즉 보통주입니다. 일본 사케 시장에선 후쓰슈가 70% 정도 비중을 차지해요. 우리가 희석식 소주를 마시듯 서민들이 일상에서 편하게 즐기는 술이죠. 간바레오토짱, 마루와 같은 종이팩 사케가 바로 후쓰슈!

- 긴죠 이상 등급은 가격이 부담되고 후쓰슈 맛은 좀 아쉽다면 혼죠조 급으로 시작해보세요! 가성비 사케로 키쿠치 주조의 '산젠' 혼죠조 추천합니다~

18잔

막걸리

"
다 같이
막걸리 한 주전자 하자!
"

———

인터뷰를 하면 가장 많이 받는 질문이

> Q.주량이 어떻게 되세요?

> Q.가장 좋아하는 주종은?

> Q.일주일에 몇 번이나 마셔요?

역시 술에 대한 건데

**음주 횟수나 주량에 대한 답은
그때그때 달랐던 것 같다.**

> A.주 5~6회?

평상시

> A.주 3회?

비상시
(아프거나 바쁘거나)

> A.주량은 딱히 없는 것 같아요~

정신 못 차림

> A.주량… 소주 1병?

드디어 정신 차림

그러다보니 평범한 밥상에 가장 잘 어울리는
막걸리가 자주 호출되는 것.

" 김치가 기가 맥히게 익었네. **막걸리!** "

" 묵은 나물이 있네? **막걸리!** "

" 두부 부쳤어? **막걸리!** "

" 생선 구웠다! **막걸리!** "

음식만 막걸리를 부르는 게 아니다.

앗! 비 온다!
부침개에
막걸리?

`막걸리 날씨`

오늘 고생 많았어.
다 같이 막걸리
한 주전자 하자!

`막걸리 상황`

등산 뒤풀이는
당연히 막걸리지~

`막걸리 관습`

소주는 독하고
맥주는 차.
오늘은 순하고 부드러운
막걸리!

`막걸리 컨디션`

내 인생에서 가장 길게 금주한 기간은
아이를 임신했을 때였고
생각보다 금주가 힘들지는 않았다.

…라고 기억하고 있었는데
임신 중반에 찍은 이 사진을 발견했다.

이게 뭐야ㅋㅋㅋ

한껏 막걸리인 척하는 밀키스

나 막걸리
엄청 그리웠구나…

그래서 그 다음해 사진이
죄다 이랬던 것?

(업소X 가정집O)

막걸리는 정말 좋아하고 많이 마시고 추억도 많아서

막걸리 이야기만으로 책도 쓸 수 있을 듯?

아련~

(후일을 기약해봅시다!)

막걸리는 **도수가 낮고**

맛은 **달콤하고 부드러우며**

약간의 신맛과 탄산이 어우러져

어떤 안주와도 잘 어울린다.

술이 약해도 부담없이 마시기 좋은 술!

-문득 생각나는 N년 전 친구와의 대화-

> 죽겠다… 나 어제 게르만이랑 마셔서…
> 소주 맥주 폭탄주에 위스키 막걸리까지
> 콸콸콸 먹고 뻗음…

> 뭐? 게르만이 어떤 민족인데
> 상대를 했어… 체급 차이가…

> 후후… 막걸리가 무기였지.

> 한국 사람들은 막걸리를 마시는 우를
> 범하지 않는다!

> 우리는 살아남았다!!

> 잘했다! 👏👏👏👏

한국인의 지혜

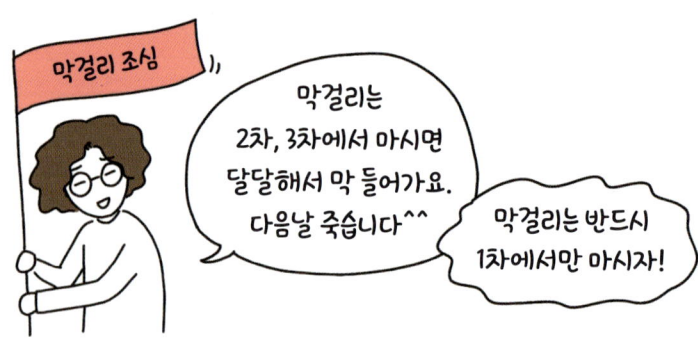

술 중에서도 막걸리 숙취가 유독 심한 이유?

막걸리, 와인과 같은 발효주는
여과와 증류를 거치지 않아
불순물이 남아서라는데, 글쎄…
내 생각은…

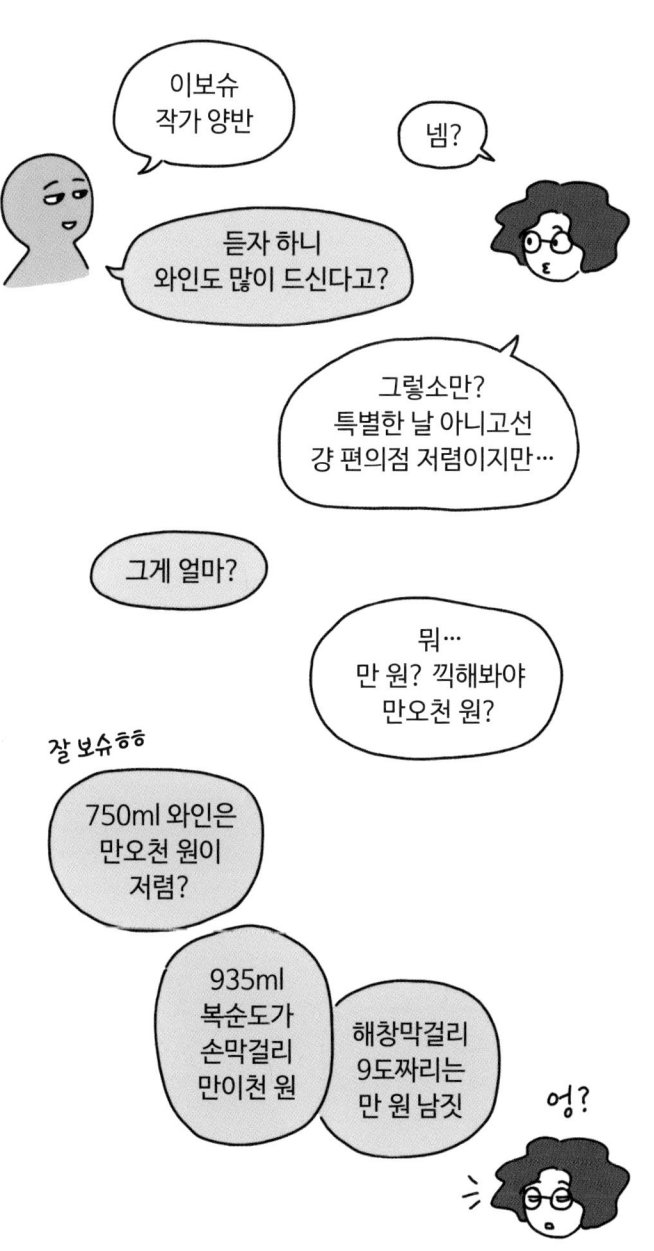

"비교해보면 그렇게 비싼 것도 아니지 않소?"

그건 '저렴이'고 이건 '프리미엄'인데.

"그, 그, 그렇지만 와인은 홀짝홀짝 오래 마실 수 있는데 막걸리는…"

"어? 그르네?"

"생각해보니…"

그렇다! 프리미엄 막걸리를 벌컥벌컥 마신 적은 한 번도 없다! 그렇게 마실 수가 없다.

"대개 도수가 높고 (10도 안팎)"

"질감이 진하고 걸쭉한 게 많아요."

꿀렁

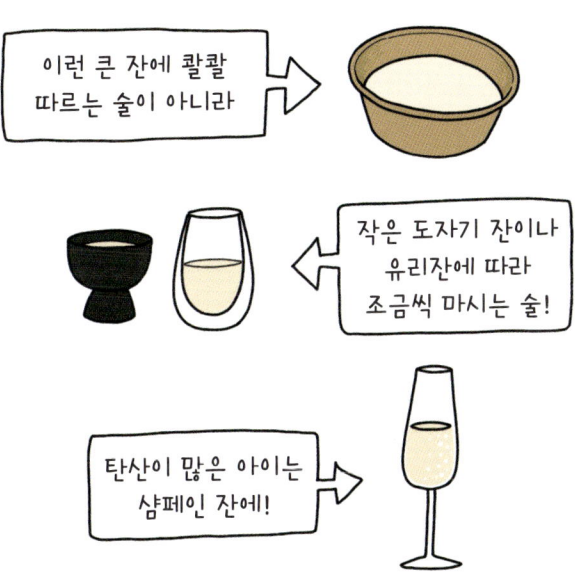

18잔 '막걸리' 끝

✳한뼘 상식✳

- 원래 한국의 전통 막걸리는 쌀막걸리지만 1963년 양곡관리법에 의해 쌀 사용이 금지되면서 저렴한 외국산 밀가루로 밀막걸리를 만들게 되었죠. 쌀막걸리는 1990년대에 들어와 부활한 거예요.

- 이후 지금까지 쌀막걸리가 대세지만 밀막걸리의 맛을 추억하는 술꾼도 있겠죠? 우리 밀로 만든 밀막걸리도 한번 경험해보세요. 옥천 이원양조장의 '향수', 목포 밀물주조의 '밀물탁주' 추천!

- 한국에는 1000종이 넘는 다양한 막걸리가 있어요. 다만 유통의 문제로 주변에서 찾기 어려운 거죠. 그러니 여행을 가면 그 지역의 양조장에서 생산한 막걸리를 꼭 마셔봅시다!

19잔

약주

"
어느덧 약주가 꽤 어울리는
나이가 되었다.
"

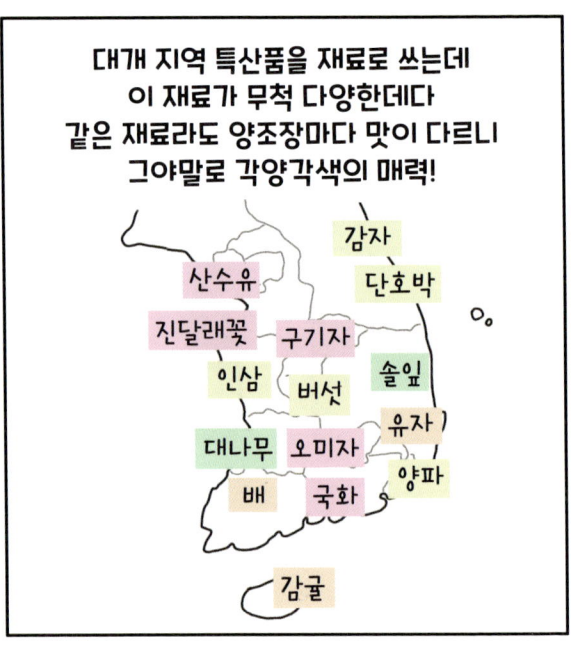

그러던 어느 날

371

내가 맛을 표현하는 데 서툴고
인색하다는 사실을 알게 됐다.

소믈리에나 다른 마니아들은
맛을 어떻게 표현하는지 찾아봤다.

구운 빵, 바닐라, 스모키한 향이 느껴지고
파워풀하면서도 구조감이 좋습니다.

벨벳처럼 부드러운 질감에
블랙베리의 깊은 풍미가 남네요.

플로럴한 향이 입안에 감돌면서
봄날의 정원이 연상됩니다.

뭐, 뭐라고?

절대 못 해!

전혀 몰라!

저걸 다 느낀다고?

구조감?

보, 봄날의 정원?

그야 '술은 다 맛있다'가
내 기조였으니까.
딱히 기억하려고 애쓰지 않았는데

맛있게 마셔놓고
홀랑 잊어버리니
아쉽긴 해.

지금 나한테 꼭 맞는 술을
바로 찾아 마시면 좋잖아?

추천도 딱딱 해주구

"소곡주는 달고 진해서
피곤할 때 약처럼 마시면 좋아."

"부모님이랑 같이 마실 술?
능이주나 송이주 좋아하실 듯."

"순곡주인데 달지 않은 술로는
여해약주 괜찮더라.
드라이하고 산미가 좀 있어."

이렇게
술술 말하면
좋겠다 ♡

**그래서! 이제부터 나도
'시음노트'라는 걸 쓰기로 결심했다!**

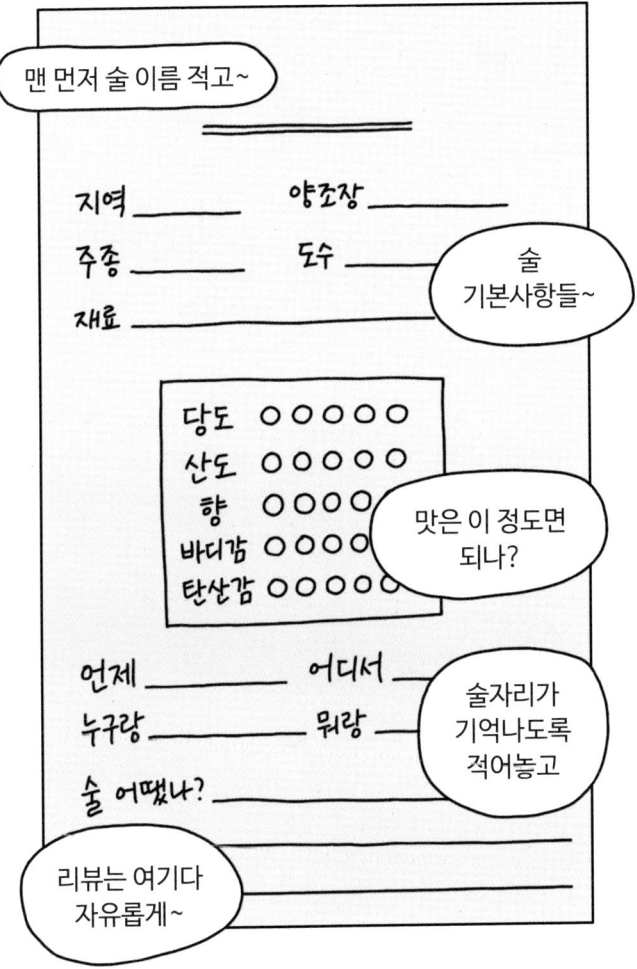

으앗? 뭐야 이거~
맛이 넘 독특하고 재미있어서
웃음이 나오네?

피니시라고 하나?
여운은 길지 않고

단맛이 과하지 않아서
좋아!

더 차갑게 마시면
어떨까?

솔향이 너무 좋다~
산뜻해!

이 정도 산미는
2로 할까? 3?

이건 묘하게 견과류향이
나는 것 같네. 신기해~

오~ 다 썼어?
나도 좀 보자.

놉!

아무도 안 보여줘!
남의 시선 의식하면
솔직하고 편하게
못 쓰니까!

꾹

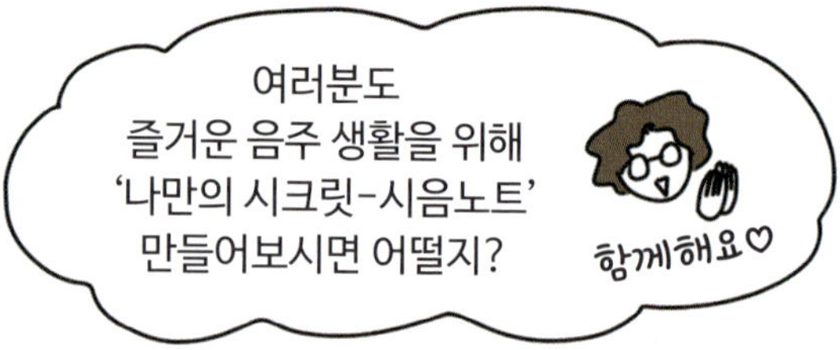

여러분도
즐거운 음주 생활을 위해
'나만의 시크릿-시음노트'
만들어보시면 어떨지?

함께해요♡

와하하! 신난다 맛있다~
약주 좋아♡

…제대로 쓰긴
쓴 건지…

미심쩍~

19잔 '약주' 끝

✳︎ 한뼘 상식 ✳︎

- 약주를 어떻게 즐기면 더욱 좋을까요? 감각을 총동원해보죠!

먼저 시각! 약주는 보통 노란색에서 갈색인데 같은 계열 안에서도 얼마나 맑고 진한지를 파악합니다. 투명한 잔에 따라서 봐야겠죠?

그다음 후각! 일단 가만히 따라낸 술의 첫 향기부터 맡아보고 술잔을 가볍게 흔들어 5초 정도 뒤에 피어오르는 향을 맡아봅니다. 향에서 무엇이 연상되는지 적어보는 습관을 들이면 좋겠죠.

마지막으로 미각! 입에 너무 가득 담지 말고 적당한 양을 머금은 후 입안의 촉감을 느껴보세요. 단맛, 신맛, 짠맛, 감칠맛, 바디감 등을 느껴보고, 삼킨 후에도 입에 남는 술의 맛과 향을 음미해보아요.

이렇게 술을 찬찬히, 공들여서 마시면 더욱 맛있답니다^^
그럼 오늘도 맛술하세요!

20잔

매실주

"
으아! 진짜 이게 마지막이야!
다시는 안 해! 절대!
"

"망각하는 자 복이 있나니,
자신의 실수조차 잊기 때문이라."

-프리드리히 니체

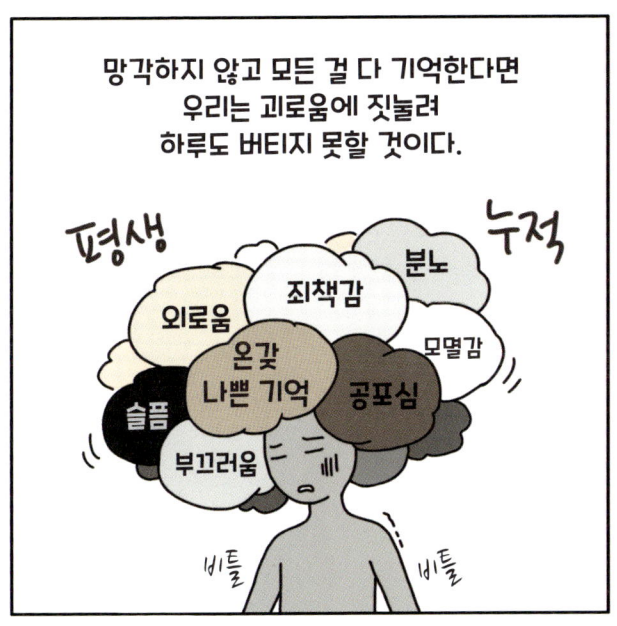

그렇다고
과거를 모두 잊으라는 말은 아니다.

우리 인간은 과거의 잘못을
기억하고 반성함으로써

더 나은 내일을 향해
나아갈 수 있으니까.

다만 니체의 말은
과거의 실수에 지나치게 사로잡히지 말고
마치 어린아이처럼
'지금 이 순간'을 살아가라는 뜻이다.
새로운 것을 받아들이고
창조적인 삶을 살기 위해서 말이다.

지금…

뭔 소리 하는 거야?

얼마나 힘든지 읊어보는
미깡네 매실주 만드는 과정

① **매실을 산다**

우리집은 황매로 담그기 때문에
황매 나오는 짧은 시기를
잘 맞춰야 한다.

+ 매실 양에 맞춰 술도 사야죠.
1단계에서 이미 근육통이^^

② **매실을 깨끗하게 씻는다**

③ **물기를 뺀다 (중요!)**

습기가 남아 있으면 안 됨!
뒤집어가며 한참 말리든가
일일이 닦아야 한다.

④ **꼭지를 뗀다**

이쑤시개로
100개면 100개
500개면 500개
하나하나^^

⑤ 유리병을 소독하고 잘 말린다

⑥ 유리병에 매실, 술, 설탕을 붓는다

⑦ 100일 후 매실을 건져낸다

⑧ 거른 술만 병입해서 보관한다

담그는 데만 하루 이상 걸리고
앞뒤로 신경쓸 일도 많고 힘들어서
매번 "올해가 마지막!"이라고 해놓고

매실주가 생각나면
그때그때 사 마시면 된다.
그게 편하고 맛있고 경제적이다.

우리에겐
전통의 매실주
'설중매'도 있고

'매화수'도 있고

매실 증류주도
맛있는데

굳이 힘들게 담그는 이유는 뭘까?

글쎄요…
든든해서?

일종의
김장 같은 거죠.

쟁여두면
안심이 돼

코앞에 편의점 있잖아!

집에 막 수십 리터씩
있어야 되냐고!

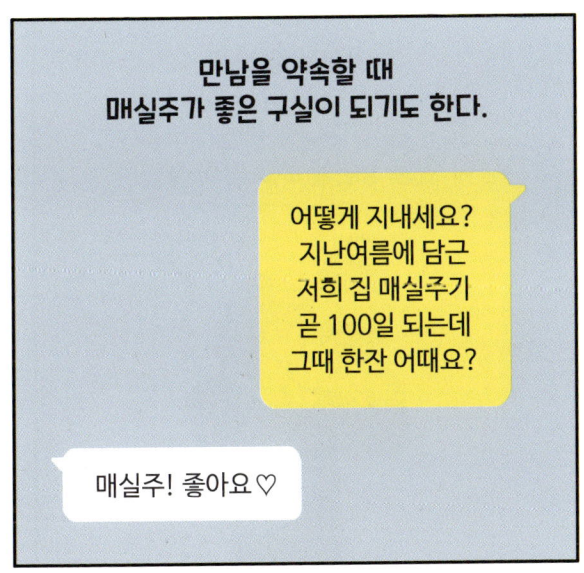

**올해도 나는 매실주를 담글 것이다.
이번엔 망각해서가 아니라
기억하기 위해서.**

초여름
선풍기 바람 아래
모여앉아 함께
술을 담그는 시간

초조한 첫 100일의
기다림

술이 완성되고
처음 맛볼 때의
떨리는 마음

술이 익어가는
가을과 겨울 내내
좋아하는 사람들과
함께하는
그 모든 순간을

훗날 즐겁게 기억할 수 있도록
올해도 술을 담가야지.
그리고 어린아이처럼 매 순간을 즐겨야지.

20잔 '매실주' 끝

뒤풀이 외전

> "좋아하는 술을
> 계속 마시기 위해"

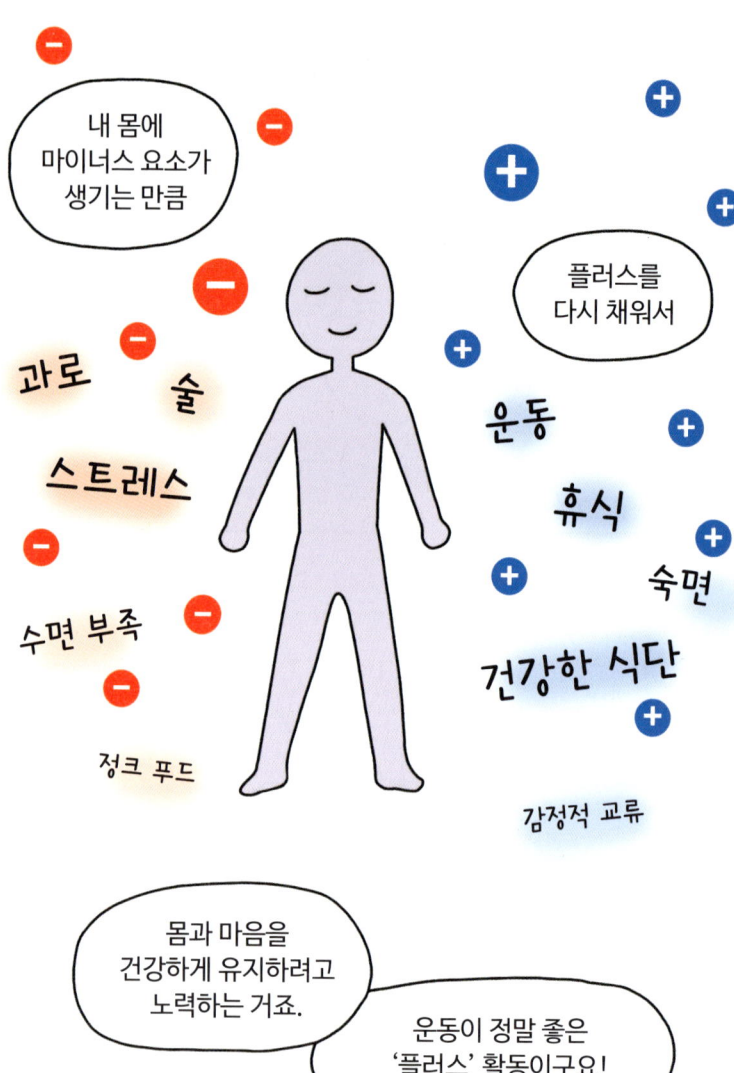

※ 출연해주신 소호한의원 홍예원 원장님께
감사드립니다.

네? ㅋㅋㅋㅋㅋ

'술꾼도시여자의 주류 생활' 진짜 끝 ♡

술꾼도시여자의 주류 생활
미깡의 술 만화 백과

ⓒ미깡 2025

초판 인쇄 2025년 8월 29일
초판 발행 2025년 9월 5일

지은이 미깡

기획·책임편집 이연실 편집 주다인 이정은 고아라
디자인 윤종윤
마케팅 김도윤 양지연
브랜딩 함유지 박민재 이송이 박다솔 조다현 김하연 이준희
저작권 박지영 주은수 오서영
제작 강신은 김동욱 이순호 제작처 천광인쇄사

펴낸곳 (주)이야기장수
펴낸이 이연실
출판등록 2024년 4월 9일 제2024-000061호
주소 10881 경기도 파주시 회동길 455-3 3층
문의전화 031-8071-8681(마케팅) 031-8071-8684(편집)
팩스 031-955-8855
전자우편 pro@munhak.com
인스타그램 @promunhak

ISBN 979-11-94184-51-5 03810

* 이야기장수는 (주)문학동네의 계열사입니다.
* 이 책의 판권은 지은이와 이야기장수에 있습니다.
  책 내용의 전부 또는 일부를 재사용하려면 반드시 양측의 서면 동의를 받아야 합니다.
* 잘못된 책은 구입하신 서점에서 교환해드립니다.
  기타 교환 문의: 031-955-2661, 3580

이 책의 마지막장을 덮은 당신에게
건네는 이야기장수 만화

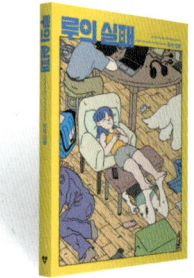

강산 만화

✻

미깡, 이슬아 작가가 추천하는
벼랑 끝에 선 젊음에 대한 이야기

"예술적 재능이 있(었)지만 자주 엉망진창이 되고 마는 루가 친구들과 '지랄 같은' 한 시절을 떠나보내는 이야기를 읽다보면 매일 실패하던 날들이 떠오른다. 친구들을 걱정하면서도 벗어나고 싶은 블래키의 마음도 너무 내 것이다. 앞이 안 보이는 미래가 불안하고 절박해서 혼자 헤매다가 발이 꼬여서 넘어지던 날들. 매일 실패하던 날들. 자꾸 그때가 생각나서 먹먹하고 아파왔다." _미깡 (만화가)

"환상적이지 않은 삶에 사무쳐본 작가만이 이런 이야기를 그릴 것이다. 너무 웃기고 너무 슬픈, 이 애석한 젊은이들의 이야기를." _이슬아 (작가)